버티는 힘

오늘도 버티며 산다!

어느 인문학자의 생각 · 표현 · 기록

버티는 힘

임병희 지음

ViaBook Publisher

그날이 바로 그 날이 되는
그날을 위하여

누군가 제게 물어봅니다.

"요즘 어떻게 지내요?"

대답은 항상 그렇습니다.

"그날이 그날 같아요."

정말 그날이 그날 같았습니다. 어제도 고단했고 오늘도 고단했습니다. 내일도 고단한 하루이겠지요. 그렇습니다. 저는 다를 것 없는 하루를 살아왔습니다. 그리고 그 하루란 버티는 것이었습니다.

삶은 황폐한 땅이 만들어낸 지루한 지평선 같은 것이었습니다. 다른 풍경을 전혀 보여주지 않았으니까요. 그래서 발밑만을 보고 걸었습니다. 어차피 보이는 것이란 아득한 지평선뿐일 테니까요. 그러다 문득 고개를 들었을 때, 또 다른 지평선을 보고야 말았습니다. 제가 걸어온 지평선은 어느새 등 뒤에서 아련했고 저는 이전과 다른 새로운 지평선을 걷고 있었습니다.

삶을 경사진 언덕이라고 생각했었습니다. 걸을 때마다 높이가 달라지고 높이가 달라질 때마다 더 많은 것을 보고 더 많은 것을 얻을 수 있으리라 생각했습니다. 지금은 그렇게 생각하지 않습니다. 삶은 수평과 수직의 계단과 같아 보입니다.

나아지는 것 없이 그저 걸음을 옮기고 있을 뿐이었는데, 어느새 한 계단을 올라와 있었습니다. 미처 알지 못했는데, 버티고 버티며 걸어온 걸음이 수직을 만나 새로운 차원으로 이동하는 것처럼 다른 계단으로 올라섰던 것입니다.

무엇이 그렇게 만들었을까요? 버티는 힘은 어디서 나왔을까요? 저는 저도 모르게 생각에 젖어들고 있었습니다. 어떤 생각이 가야 한다 말하고, 또 다른 생각이 쓰러지려는 저를 부축하고, 어느새 생각지도 못한 생각이 발뒤축을 밀어 올리고 있었습니다.

저를 이끄는 것은 생각이었고 제 입을 떼게 한 것은 표현이었으며 저를 돌아보게 한 것은 기록이었습니다. 그리고 그것이 인문학이었습니다. 그렇다고 지금 세가 행진을 하듯 힘차게 걷고 있는 것은 아닙니다.

저는 아직 참으로 한심한 인간입니다. 그나마 버텨 이 정도인 것이죠. 치열하게 생각하지 않고 무언가를 말하고 싶어 힘겹게 입을 달싹거리지도 않으면서 훌륭한 글을 쓰려고 한 적이 있습니다. 하지만 알게 되었죠. 익지 않은 생각, 마음속에 있지도 않은 것을 표현하는 것은 어리석은 일이었습니다.

게다가 저는 어떤 일을 잘 시작하지도 못합니다. 두렵기 때문입니다. 특히 중국으로 떠날 때, 베이징 중국사회과학원의 입학을 결정했을 때가 그랬습니다. 하지만 술을 마시고 술을 깨는 데 일생을 보낼 수는 없다고 생각했습니다. 그리고 시작했습니다. 그때 공자의 말이 떠올랐습니다. 위산일궤爲山一簣. 산을 만드는 일도 한 삼태기의 흙으로부터 시작된다는 말입니다.

공자는 공부를 산을 쌓는 일에 비유했습니다. 학문을 한다는 것은 산을 쌓는 일과 같으니 마지막 한 삼태기의 흙을 붓지 못해 이루지 못하면 그것은 내가 그만두는 것이요, 구덩이를 채움에 한 삼태기의 흙이라도 부었다면 그것 역시 내가 시작한 것이라고 했습니다.

그만둘 수 없어 버텼습니다. 마지막 논문을 쓸 때는 하루 종일 한마디조차 하지 않은 적도 있었습니다. 그때 꼬시까라는 길 고양이를 만났습니다. 그 녀석이 또 버티는 힘이 되어주었습니다. 우여곡절 끝에 꼬시까와 함께 비행기를 타고 돌아왔습니다. 그때 저는 다른 지평선을 걷고 있었습니다. 하지만 지평선을 걷는 일은 힘겹습니다. 지금도 힘겹고 앞으로도 힘겨울 것입니다. 그러나 인문학은 저를 버티게 만들어줄 것입니다. 문제는 그 인문학이 무엇이며 인문학을 어떻게 해야 하느냐는 것입니다.

사람의 두뇌는 보통 1.5리터의 부피에 1.4킬로그램의 무게라고 합니다. 그 두뇌에만 갇혀 있는 인문학은 그저 지식일 뿐입니다. 지식은 필연적인 한계를 가집니다. 아무리 많은 지식을 머리에 담고 있어도 그것이 그저 지식일 때는 새로운 것을 만들어낼 수 없습니다. 검색어만 입력하면 수없이 쏟아지는 인터넷의 정보를 따라갈 수도 없습니다.

얼마 전 알파고와 이세돌 9단의 대국이 있었습니다. 그 승부를 바라보는 우리의 심정은 복잡했습니다. 인간을 이기는 알파고에 경이로움과 두려움을 느꼈고, 알파고에게 승리하는 인간 이세돌에게 경탄하며 희망을 느꼈습니다. 알파고가 일반 컴퓨터처럼 바둑의 기보를 지식으로 소유하고 있었다면 절대 인간을 이기지 못했을 것입니다. 하지만 알파고는 기보를 저장한 것이 아니라 습득하여 새로운 바둑을 두었습니다. 이세돌 9단이 알파고를 이길 수 있었던 것도 그저 저장된 것을 끄집어내는 것이 아니라 새로운 수를 생각했기 때문입니다. 인문학적 지식은 저장하고 출력하는 것과 같습니다. 그러나 인문학적 생각은 그 지식을 통해 새로운 것을 찾아내는 것입니다.

사실 제게도 인문학은 지식이었습니다. 부피 1.5리터, 무게 1.4킬로그램의 두뇌에만 존재하는 머릿속 개구리에 불과했습니다. 그것도 눈멀고 귀 먹고 미각까지 잃어버린 개구리였습니다. 보지 못하는 사람은 색의 다채로움을 알지 못합니다. 듣지 못하는 사람은 선율의 아름다움을 느끼지 못합니다. 맛을 모르는 사람에게는 산해진미도 그저 배를 채우는 음식일 뿐입니다.

인문학도 마찬가지입니다. 그것으로 보지 못하고, 그것으로 듣지 못하고, 그것으로 맛을 느끼지 못하면, 그래서 어떤 변화와 행동을 유발하지 못하면 인문학은 머릿속의 개구리가 되고 맙니다. 개구리를 바깥으로 나오게 해야 합니다. 하지만 두개골처럼 단단한 장벽을 부수지 않고는 나올 수가 없습니다.

어떻게 하면 개구리가 머리를 찢고 나올까요? 그래야만 하는 이유가 있어야 합니다. 그것도 미치도록 그렇게 하고 싶어야 합니다. 그 이유로 사는 것만 한 것이 또 있을까요? 그렇게 생각해야 버틸 수 있고, 버텨야 살고, 버텨 살아내어 다른 삶을 살 수 있다면 한 번 해볼 수 있지 않을까요?

아주 간단한 곳에서 시작하면 좋겠습니다. '왜'는 '어떻게'를 낳고 '어떻게'는 '무엇을'의 길이 됩니다. "왜?"를 물으면 무엇 때문인지를 생각하게 됩니다. 무엇 때문인지를 알게 되면 어떻게 바꿀 것인가를 생각합니다. 어떻게 바꿀 것인지를 생각하려면 무엇을 향할 것인지를 알아내야만 합니다. 그것이 시작입니다.

하지만 그런 생각에 익숙하지 않기에 앞선 사람들의 좋은 생각들을 따라가보는 것입니다. 아직 표현이 거친 탓에 말과 글을 배우듯 좋은 표현을 곁에 두는 것입니다. 과거를 알아야 현재를 움직여 미래를 바꿀 수 있기에 기록을 펼쳐보는 것입니다. 그러면 그것들이 머리에서 얼굴로 얼굴에서 몸통과 사지로 퍼져 나가게 됩니다. 그럼 끝 모를 지평선을 걸으면서도 저 아득한 수평 이후의 풍경을 알 수 있게 될지도 모릅니다.

이 책은 그런 이야기입니다. 우리가 사는 세상에서 살아남아야 한다는 것, 살아남음이 단지 생존이 아닌 버팀으로 확장되고 그 버팀은 새로운 영역으로 자신을 이끌어야 한다는 이야기입니다. 그것을 어떻게 이룰까요? 저는 인문학을 버티는 힘이라고 했습니다. 그럼 인문학이 무엇인지 알아야 합니다.

인문학은 멀리 있지 않습니다. 우리가 매일 하고 있는 생각, 표현, 기록이 인문학입니다. 단지 그것에 부족한 점이 있어 인문학이 멀리 느껴지는 것입니다. 하지만 우리에게는 길이 있습니다. 1부는 그런 이야기입니다. 버텨야 사는 세상과 버티는 힘이 되는 인문학, 그리고 그 인문학을 어떻게 해야 할까, 이에 관한 것입니다.

2부, 3부, 4부에서는 고전을 통해 지금 우리에게 필요한 것이 무엇인지 생각해보았습니다. 그래서 고전의 내용을 해설하기보다 고전에서 우리가 무엇을 얻을 수 있는지를 먼저 생각했습니다. 2부는 내가 가진 것으로 시작하기, 3부는 무엇을 버틸 것인가, 4부는 버팀, 그 이상입니다. 순서는 사람마다 다를 수 있습니다. 그것이 어디에 있든 자신에게 버티는 힘이 되면 됩니다.

우리는 모두 지평선에 놓여 있습니다. 지평선을 버텨야 수직의 상승을 맛볼 수 있을 것입니다. 다다르기 전까지는 알 수 없는 그 수직이 어쩌면 바로 한 걸음 다음일 수도 있습니다. 그러니까 버텨야 합니다.

그닐 깊은 그닐에서 그닐이 바로 그 날이었다고 힘께 밀힐 수 있으면 좋겠습니다.

임병희

2부 내가 가진 것으로 시작하기

3부 **무엇으로 버틸 것인가**

4부 버팀, 그 이상

1부

오늘을 버티는 힘,
생존의 인문학

네 믿음은 네 생각이 된다.
네 생각은 네 말이 된다.
네 말은 네 행동이 된다.
네 행동은 네 습관이 된다.
네 습관은 네 가치가 된다.
네 가치는 네 운명이 된다.

_마하트마 간디 Mahatma Gandhi

1장

가방에 무엇을
담을 것인가

2리터 그리고 72시간

가방이 하나 있습니다. 이 가방
의 용량은 2리터입니다. 여기에 무엇을
담을 수 있을까요? 많은 물건이 떠오를

> 공포와 불안이 일상화된
> 사회에서 생존하기 위한
> 당신만의 무기는 무엇인가?

것입니다. 아끼는 물건, 값비싼 물건, 추억이 가득한 물건 등. 하지만 이
가방에는 그것을 다 담을 수 없습니다. 그럼 질문을 바꾸어보겠습니다.
이 가방은 무슨 가방일까요?

보통 가방을 싸는 데는 목적이 있습니다. 도시락 가방에는 도시락을
넣고 책가방에는 책을 넣습니다. 어릴 적 소풍 가방이라면 김밥이나 과
자가 들어가 있겠죠. 그럼 이 가방은 무엇을 싸는 가방일까요? 가방의

목적을 이야기하기 위해서는 하나의 상황을 가정해야 합니다. 그것은 재난입니다. 재난이 발생했습니다. 여러분은 외부의 도움 없이 72시간 을 생존해야 합니다. 그렇습니다. 이 가방은 생존팩입니다. 2리터짜리 생존팩에는 과연 무엇이 들어가야 할까요?

먹지도 마시지도 못하는 명품 백은 이 가방에 입장할 수 없습니다. 애장품도 소용없습니다. 샴푸나 비누도 쓸모없겠죠. 그런 것들로 채우 기에는 가방이 너무 작습니다. 이 가방에는 다양한 상황에서도 생존을 유지할 수 있게 도와주는 물건만 들어가야 합니다. 그나마 다행인 점은 72시간으로 시간이 한정되어 있다는 것입니다. 그럼 가방을 한 번 싸보 도록 하겠습니다.

일단 먹는 것부터 생각할지 모르겠습니다. 간편하게 먹을 수 있는 즉 석밥이 있습니다. 하지만 즉석밥은 탈락입니다. 재난 상황에서 한가히 전자레인지에 밥을 데울 수 있을까요? 또 이때는 배부르고 맛있는 음 식이 아니라 굶어죽지 않을 정도의 식량이 필요할 뿐입니다. 그리고 사 람은 72시간 정도는 먹지 않고도 살 수 있습니다. 하지만 먹지 않으면 죽음에 이를 수 있는 것이 있습니다. 당이 떨어지면 사람은 사망할 수 있습니다. 그럼 당이 떨어지는 것을 막기 위한 포도당 캔디가 적당하겠 군요.

다음으로 무엇이 필요할까요? 주위 상황을 파악할 필요가 있습니다. 앞이 보이지 않는 캄캄한 어둠을 밝힐 손전등이 필요하겠네요. 그리고 비상 약품, 불을 피우기 위한 라이터와 마실 수 있는 물을 만들어주는 정수제, 간단하지만 유용한 나이프 등이 필요할 것입니다. 이런 물품이 생존팩의 구성품입니다.

생존팩은 아주 간단하고 단순한 생존 도구들의 모음입니다. 하지만 그것이 있어 절체절명의 위기를 넘길 수 있습니다. 생존이란 살아남음을 뜻합니다. 살아남지 않고서는 아무것도 할 수 없습니다. 로마의 가장 위대한 웅변가인 키케로는 "살아 있는 한 희망은 있다"고 했습니다. 그런데 이 재난 같은 삶에서 우리는 어떻게 살아남아야 할까요? 그리고 그 살아남음은 단지 숨쉬는 것만을 의미할까요?

재난에 대비하는 생존팩은 쉽게 구할 수 있을 것입니다. 하지만 절망과 고독, 패배와 고난에서 살아남게 해줄 생존팩은 어디에 있을까요? 살아남음으로 인해 희망을 만들어낼 수 있는 생존의 도구들은 무엇일까요? 우리는 지금 그것을 찾으려는 것입니다.

우리의 생존팩은 2리터보다 적은 1.5리터에 불과합니다. 하지만 그 생존팩에는 무궁무진한 것을 담을 수 있습니다. 그리하여 보지 못했던 것을 볼 수 있고, 듣지 못했던 것을 들을 수 있고, 말하지 못했던 것을 말할 수 있으며 없던 것을 만들어낼 수도 있습니다. 그것은 1.5리터의 생존팩이 바로 우리의 머리에 있기 때문입니다.

생존이란 단지 살아남는 것이 아닙니다. 버텨 살아남고 살아남아 희망을 만드는 것입니다. 그래서 생존은 버티는 것이고 버티는 것은 나아가는 것이며 나아가는 것은 변화를 만드는 것입니다. 이것이 우리가 앞으로 해야 할 이야기입니다.

인문학으로 버티기

이 책은 인문학을 이야기하는 책입니다. 그런데 왜 먼저 생존을 이야기했을까요? 그것은 우리 삶이 재난 속

처절한 외로움과 지쳐 쓰러질 것 같은 일상에서 나를 지켜줄 것은 무엇인가?

에 놓인 것과 크게 다르지 않기 때문입니다. 사회의 시스템이 마비되고 모든 생존이 개인에게 맡겨졌을 때, 아무것도 준비하지 않은 사람은 살아남기 힘듭니다. 재난에는 매뉴얼이 있고 생존팩에는 구성 지침이 있지만 지금 우리에게는 그런 것이 없습니다. 버텨 살아남을 수 있는 생존팩이 준비되어 있지 않은 것입니다. 처절한 외로움과 나아지지 않는 생활, 좌절과 포기, 지쳐 쓰러질 것 같은 일상에서 나를 지켜줄 것은 무엇일까요?

거창하고 크고 비싼 것이 나를 지켜줄까요? 그런데 그것이 내가 가진 것입니까? 프레퍼족prepper族이라면 또 모르겠습니다. 준비하는 사람들이라는 뜻의 프레퍼족은 재난에 대비하는 사람들입니다. 미국의 프레퍼족은 핵 공격에도 꿈쩍 않는 호화 지하 벙커를 마련하기도 한답니다. 우리나라에도 시골 한적한 곳에 컨테이너를 들여놓고 그곳에 각종 통조림이나 생존 도구를 구비하는 사람들이 있다고 합니다. 하지만 그건 일부 사람들의 이야기입니다.

가질 수도 만들 수도 없는 벙커를 부러워만 하고 있다가는 아무것도 할 수 없습니다. 그럼 어떻게 해야 할까요? 내가 가질 수 있는 것, 내가 할 수 있는 것에서부터 시작해야 하겠습니다. 내가 가진 최소한의 자원

으로 만들 수 있는 것을 찾아내야 합니다.

찾는다는 것, 그것은 바로 생각한다는 것입니다. 그러나 여기에는 전제가 있습니다. 이전과 똑같은 생각으로는 변화를 만들어낼 수 없습니다. 다르게 생각해야 합니다. 전과 다른 생각을 가져야만 합니다.

아무리 훌륭한 벙커가 있어도 그 안의 통조림이 다 떨어지면 그뿐입니다. 연료가 떨어지면 추운 건 마찬가지입니다. 벙커는 그저 물건일 뿐입니다. 쓰고 나면 효용 가치가 떨어지는 소비재인 것입니다. 이런 생각을 하니 조금은 위로가 됩니다. 여기서 한발 나아가볼까요. 비록 생존 환경의 시작점이 다르기는 하지만 내가 가진 것도 있습니다. 지금부터 꾸려갈 생존팩이지요. 다르게 생각한다는 것은 간단합니다. 생존팩 하나로도 충분히 버틸 수 있는 방법을 생각하는 것입니다.

생존팩의 물건만으로 더 오래 버틸 수 있는 방법은 무엇일까요? 그것은 확장입니다. 생존팩의 물건을 하나씩 떠올리며 우리는 생존의 확장을 생각할 수 있습니다. 사람이 살아남기 위해서는 먹고 마시고 입는 것이 해결되어야 합니다. 일단 손전등으로 주위를 살핍니다. 태울 수 있는 것을 찾아 라이터로 불을 피우지요. 그리고 물을 구합니다. 이슬을 받을 수도 있고 증류를 시킬 수도 있습니다. 조금 더러운 물이 있어도 정수제가 있이 얼마긴은 버틸 수 있습니다. 아, 나이프도 있습니다. 무언가를 자르고 묶을 수 있겠네요. 그걸로 엉성하지만 텐트를 만들 수도 있을 것입니다. 사냥 도구를 만들 수도 있겠지요. 그렇게 하나하나를 만들어가다 보면 조금씩 내 주위 환경에 변화가 생깁니다. 전보다 더 나은 환경이 만들어지는 것입니다. 이처럼 우리는 인문학을 통해 또 다른 생존을 만들어낼 수 있습니다.

그런데 문제는 그렇게 확장시킬 만한 기술을 가지고 있느냐 하는 것입니다. 나무, 톱, 망치, 못이 있다고 해서 누구나 멋진 가구를 만들 수 있는 것은 아닙니다. 하지만 분명히 무언가는 만들 수 있습니다. 그건 우리에게 가구를 본 경험이 있기 때문입니다. 의자의 모양을 알고 탁자의 모양을 알고 책장에서 책을 꺼내보았기에 그와 비슷한 물건을 만들어낼 수 있습니다. 그렇습니다. 우리는 만들어낼 수 있는 유전자를 가지고 있습니다.

그런데 탁자를 보지 못한 사람은 탁자를 만들지 못합니다. 만든다고 해도 엄청난 시간이 걸릴 것입니다.

구석기시대의 가장 큰 특징은 뗀석기입니다. 돌을 깨서 도구로 이용한 것이지요. 구석기시대 이후 신석기시대가 도래합니다. 뗀석기가 아니라 갈아 만든 간석기를 사용하기 시작한 것이지요. 그런데 이 구석기에서 신석기로 이동하는 시간이 엄청납니다. 가장 오래된 구석기가 250만 년 전의 것으로 밝혀졌는데, 신석기시대는 약 1만 년 전부터 시작됩니다. 뗀석기의 구석기에서 간석기의 신석기로 바뀌는 데 무려 249만 년이라는 시간이 흐른 것입니다. 구석기시대가 인류 역사에서 차지하는 시간의 비율은 99.8퍼센트입니다.

이처럼 경험과 상상력이 없으면 엄청난 시간과 노력을 들여야 무엇 하나를 만들어낼 수 있습니다. 생존팩도 마찬가지입니다. 그것을 쓸 수 있는 경험과 기술을 가지지 않으면 끝내 버티지 못하고 무기력한 죽음을 맞이하게 될지도 모릅니다.

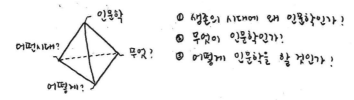

■ Why, What, How 인문학

인문학
어떤시대? ─── 무엇?
어떻게?

① 생존의 시대에 왜 인문학인가?
② 무엇이 인문학인가?
③ 어떻게 인문학을 할 것인가?

　시대의 재난에서 살아남을 수 있는 경험과 상상력, 그것이 바로 인문학입니다. 우리는 세 가지를 이야기할 것입니다. 생존의 시대에 왜 인문학인가? 인문학이 과연 무엇인가? 그럼 도대체 인문학을 어떻게 할 것인가?

어디에
기댈 것인가?

천하무도의 시대

왜 이 시대에 인문학은 생존의
버팀일까요? 실마리는 '시대'라는 말
자체에 있습니다. 지금은 어떤 시대일

*한 시대를 이끄는 정신인
시대정신이 부재한 혼돈의 시대를
힘겹게 살아내고 있다.*

까요? 많은 답이 있을 것입니다. 민주주의 시대, 자본주의 시대, 물신주
의 시대, 개방화 시대, 디지털 시대, 후기 산업화 시대… 많은 말로 설명
할 수 있습니다. 하지만 이것이 또한 함정입니다. 많은 말이 있지만 어
느 하나로 정의할 수가 없습니다. 그럼 반대로 말할 수 있겠습니다. 지
금은 한마디로 정의하기 힘든 시대입니다.

어떤 시대에는 그 시대를 이끄는 정신이 있습니다. 그것이 시대정신

입니다. 그런데 지금 이 시대의 정신은 무엇이라 규정하기가 힘이 듭니다. 어떤 사람은 돈이라고 말할지도 모르겠습니다. 돈, 그 자체는 정신이 되지 못하므로 돈의 시대는 물신의 시대, 물질 만능의 시대를 뜻합니다. 인정하기 싫지만 또 외면하기도 힘든 사실입니다.

그렇다면 이 시대에 일단 돈이라는 시대정신이 있다는 말입니다. 그런데 왜 또 시대정신이 부재하다고 할까요? 많은 사람이 그 목표를 향해 나아가려 하지만 그것을 함께 누릴 수 없기 때문입니다. 우리가 가진 노동력만으로는 이룰 수 없는 것이 너무 많습니다. 대다수의 사람에게는 기회조차 주어지지 않습니다.

우리는 무엇을 어떻게 하면 함께 그 목표를 이룰 수 있는 시대에 살고 있지 않습니다. 대다수의 사람이 수긍하는 가치와 방법을 우리는 공유하고 있지 못합니다. 컨테이너는 물론 컨테이너를 채울 통조림과 연료조차도 살 수가 없습니다. 가지고 싶지만 가질 수 없는 구조에 놓여 있기에, 소수의 사람에게만 허락되는 구조이기에 우리는 그것을 시대정신이라고 말할 수 없습니다. 시대정신이란 이룰 수 없는 것을 추구하는 것이 아니라 함께 그것을 이뤄나가는 것이기 때문입니다.

이 시대는 천하무도天下無道의 시대입니다. 시대를 이끄는 정신이 없는 시대이자 도리道理가 행해지지 않는 부도無道의 시대입니다. 맹자는 무도의 시대에는 작은 사람이 큰 사람에게 부림당하고 약자는 강자에게 부림당한다고 했습니다. 강자가 약자를 병탄한다는 것입니다. 도로써 관계 설정이 이루어지지 않고 돈과 힘으로 결정된다는 것입니다. 공자는 『논어』에서 도가 있음에 빈천하면 부끄럽고 도가 없음에 부귀하면 부끄럽다고 했습니다.

그렇습니다. 이 삶은 우리의 잘못이 아닙니다. 부끄러운 것이 아닙니다. 하지만 무도의 시대에 손놓고 넋놓으면 정말 부끄러운 삶을 살게 됩니다. 무도無道에서 유도有道를 만들어나가는 것, 그것이 바로 우리가 버티는 방법이고 살아서 이루어야 할 것입니다.

산업화 · 경제화 · 민주화

우리는 무어라 규정할 수 없고 합의되지 않은 시대, 중심이 무너진 혼재의 시대를 살아가고 있습니다. 하지만 우리가 이런 시대만을 겪은 것은 아

> 인간의 권리도 돈 앞에서 무기력해질 수 있다는 좌절감을 이 시대는 우리에게 각인시켰다.

닙니다. 우리는 분단국가에 살고 있습니다. 분단은 식민지와 한국전쟁이 만들어낸 비극입니다. 그렇습니다. 우리는 전쟁을 겪었습니다. 그것도 아주 참혹한 전쟁이었습니다. 잿더미와 배고픔이 전염병처럼 분단된 국가를 휩쓸었습니다. 삶과 죽음의 경계는 어느 곳에서나 일상이었습니다.

그때 가장 중요한 일은 살아남는 것이었습니다. 삶은 생존을 위한 투쟁이었지요. 이 투쟁은 하나의 신화를 만들게 됩니다. 그것은 복잡할 필요가 없었습니다. 필요한 것은 확고하고 분명했습니다. 밥을 먹고 살아야 한다는 것, 사람은 집에서 살아야 한다는 것, 옷을 입어야 한다는 것 등 생존에 필요한 기본 공식을 이미 모두가 공감하고 있었습니다. 다만

▪ 산업화의 공식

$$x \times y = z$$ $x = $ 시간 , $y = $ 노력 , $z = $ 성공

변수라고 한다면 그 공식에 얼마만큼의 시간과 노력을 투입하여 어떻게 운용할 때 최댓값을 얻을 수 있느냐 하는 것이었습니다. 그 공식은 산업화 · 경제화라 불렸습니다.

이 나라 사람들은 그 공식을 풀어나가기 위해 함께 노력했습니다. 시간과 노력의 값이 클수록 산출되는 결과 값이 높아진다는 확고한 믿음도 가졌습니다. 그러니 다른 것을 생각할 필요가 없었습니다. 중요한 것은 그 공식 속에서 자신의 값을 더 많이 얻는 것이었으니까요. 그렇습니다. 1960~70년대를 지배한 시대정신은 산업화 · 경제화였습니다.

『이솝우화』에 우유 팔러 가는 소녀의 이야기가 나옵니다. 소녀는 우유가 담긴 항아리를 이고 장에 나가며 행복한 상상을 하지요. '우유를 팔아서 달걀을 사야지. 달걀을 부화시켜 닭을 키우고, 닭을 팔아서 돼지를 사야지. 돼지를 키워 송아지를 사고, 소가 되면 예쁜 드레스를 사야지. 드레스 입은 내 모습에 멋진 남자들이 청혼을 하겠지. 그때는 싫다고 고개를 흔드는 거야.' 그런 상상에 고개를 흔들다가 소녀는 우유가 든 항아리를 깨고 맙니다.

그런데 산업화와 경제화의 시대에 정말 우유를 팔아 소를 사는 사람이 등장했습니다. 돈을 벌어 저축을 하고, 저축한 돈으로 사글세를 얻고, 사글세에서 전세로 갈아 타고, 작은 집이라도 전세를 끼고 산 후 그

집을 팔아 더 좋은 집을 사고, 그 와중에 교육열을 불태워 자식을 좋은 대학에 보내 출세를 시키고… 먹고 사는 생존의 문제가 어떻게 사느냐는 생활의 문제로 전환된 것입니다. 그때는 고단한 오늘을 버티면 내일의 희망을 만날 수 있었습니다. 지금은 신화처럼 들리는 이야기이지만 당시는 그것을 일상적으로 목도하는 시대였습니다.

산업화 · 경제화의 시대가 흘러갔습니다. 하지만 또 다른 문제가 생겨났습니다. 단순한 생존이 아니라 인간다운 생존에 대한 욕구가 묵직하게 비집고 올라온 것입니다. 밥으로만 살 수 없는 시대, 누구의 강제로 살 수 없는 시대, 내 생각과 사상을 자유롭게 이야기할 수 있는 시대, 억압받지 않는 세상에 대한 열망이 들불처럼 번져갔습니다. 이것은 산업화와 경제화 스스로가 만들어낸 틈이었습니다.

1980년대를 지배한 정신은 민주화였습니다. 인간이 인간답게 살 수 있는 것이 먹고 자고 입는 것에만 있지 않음을 사람들은 깨닫게 되었습니다. 산업화와 경제화 속에서 사람들은 어떻게 하면 더 높은 곳에 위치하게 되는지를 알게 되었습니다. 개천에서 용이 나는 방법은 교육이었고, 교육은 시대의 새로운 장을 열게 됩니다. 많은 사람이 자신의 삶을 생각하게 되었습니다. 그렇게 사람들은 민주화에 대한 열망을 함께 불태웠습니다. 함께 열망했기에 나 자신도 그 불길과 함께 타오르면 되었습니다.

민주화 운동의 결실로 새로운 정부가 들어섰습니다. 그러나 민주화의 열기는 조금씩 사그라들었습니다. 그리고 바로 그때 절대 벌어지지 않으리라고 생각했던 일이 벌어졌습니다. IMF가 터진 것입니다. IMF는 모든 것을 삼켜버렸습니다. 산업화와 경제화가 무위로 돌아가고 지나온 과거로 다시 돌아갈지 모른다는 불안과 공포, 민주화를 통해 얻은 인간의 권리도 돈 앞에서 무기력해질 수 있다는 좌절감을 IMF는 각인시켰습니다.

산업화의 상징이던 대기업이 무너졌습니다. 늘 돈이 쌓여 있을 것만 같던 은행에 돈이 없었습니다. 국가 부도의 사태 앞에서 시대를 이끌던 정신은 햇빛을 받은 뱀파이어의 피부처럼 너덜너덜해지고 말았습니다. 예고 없는 쓰나미가 우리 사회를 휩쓸고 만 것입니다. 절대 그럴 리가 없다는 그 절대가 무너지는 순간, 모든 것은 불확실해졌고 모든 가치는 흔들리게 되었습니다. 가치와 정신이 부재한 그 자리에 혼돈이 똬리를 틀어버렸습니다.

혼돈의 가장 큰 공포는 지금까지 버텨 만들어낸 것이 순식간에 사라질지도 모른다는 것이었습니다. 그리고 앞으로를 버텨낼 수 없을지도 모른다는 불안감이었습니다.

자신의 꼬리를 삼키는 우로보로스의 뱀
우리는 지금 혼돈의 윤회를 살아내는 중이다.

답을 해야 하는 시대

혼돈의 똬리는 지금까지 계속되고 있습니다. 사람들은 상처받고 외롭고 힘들게 살아갑니다. 우유를 팔아 소를 사고 멋진 드레스를 입는 일은 이제 불가능한 현실인 신화가 되었습니다.

시대정신이 있을 때는 크게 외롭지 않았습니다. 현실은 지나가는 고난 같은 것이었으니까요. 터널을 지나면 태양을 볼 수 있듯이 희망은 저 앞에 있는 것이었습니다. 하지만 지금은 살아야 하는데, 삶을 꾸려야 하는데 어떻게 살아야 할지를 모릅니다.

간고艱苦한 삶을 위로해줄 무언가가 있으면 정말 좋겠습니다. 다른 것은 신경 쓰지 않고 그냥 이렇게 살면 되는 거라고 누가 말해주면 좋겠습니다. 그러나 주위에 넘쳐나는 위로나 힐링은 깨고 나면 다시 고통이 느껴지는 마취약처럼 일시적입니다.

내가 무엇을 위해 어떻게 살아야 하는지를 이 시대는 이야기하지 않습니다. 지금은 답이 주어진 시대가 아니라 스스로 질문하고, 그 답을 찾아야 하는 시대입니다. 그래서 인문학 열풍은 이 시대가 만들어낸 산물입니다. 혼돈에서 좌표를 찾는 방법, 나아갈 길을 찾는 방법, 그리고 또 버틸 수 있는 힘을 찾기 위해 사람들은 고전을 펼칩니다. 왜? 왜 하필 사람들은 고전과 인문학에서 그것을 찾으려 할까요? 그 이유가 우리에게 해답을 줄 것입니다. 지금은 다시 생존팩을 준비할 시간입니다. 인문학이 왜 삶을 버티게 하는 힘이 될 수 있는지를 알아야 합니다.

내가 무엇을 위해 어떻게 살아야 하는지를 이 시대는 이야기해주지 않는다.

3장

본립도생本立道生에서
각자도생各自圖生으로

본립도생, 근본에서 시작하라

모든 것이 엉켜버렸습니다. 누
구의 말을 들어야 할지, 어디서부터 시
작해야 할지 모르겠습니다. 그냥 텔레

우리의 인문학은 생각의 기본에서
시작하여 각자의 살 길을
찾아나가는 것이어야 한다.

비전에 나오는 사람들의 말대로 살아볼까요? 그런데 그게 쉽나요. 눈앞
의 최저임금, 시급이 안타까운 상황에서 과연 나를 찾아 여행을 떠나고,
여유를 가지고 성공이란 꿈을 향해 한발 한발 나아가는 것이 가능할까
요? 게다가 그 사람들의 말이 내게도 적용이 될까요?

이 사람은 저렇게 살아야 한다고 말하는데 또 어떤 사람은 이렇게 살
아야 한다고 말합니다. 삶은 이런 거라고 단언하는 사람도 있습니다. 솔

깃하기는 하지만 내 삶을 다른 사람의 몇 마디에 맡기는 것은 너무 큰 모험입니다. 타인의 삶에 대해 쉽게 단언하는 모습은 때로 폭력처럼 느껴지기도 합니다. 당신과 나의 삶은 다릅니다. 우리는 서로 다른 사람들입니다.

나에게는 나의 길이 있어야 하는데, 우리는 길을 잃었습니다. 어딘지 모를 길을 빙빙 도는 미로에 갇혔습니다. 하지만 한 가지 다행인 사실이 있습니다. 처음부터 다시 시작할 수 있다는 점입니다. 처음이란 무엇입니까? 그것은 근본이고 기본입니다. 기본에서 다시 시작하면 길이 생깁니다. 이러한 뜻의 사자성어가 '본립도생本立道生'입니다.

다시 생존팩입니다. 생존팩에는 생존을 위한 가장 기본적인 물품이 들어가야 합니다. 이 시대, 이 사회에서의 삶을 위한 생존팩에는 무엇이 들어가야 할까요? 다시 시작할 수 있는 기본은 무엇일까요? 영혼의 포도당 캔디, 내 앞길을 밝혀줄 손전등, 외로움과 분노에 녹아내릴 것 같은 몸을 보호해줄 담요, 나를 단단히 결박하고 있는 편협함과 선입견을 과감히 잘라줄 나이프는 무엇일까요? 그것은 돈일 수도 있고 직장일 수도 있고 사랑, 반려자, 용기일 수도 있습니다. 그러나 돈은 쓰면 없어질 것이고 직장은 매일이 위협일 것이며 사랑과 용기는 녹아내리기 쉬울 것입니다. 그것들을 내 안으로 끌어당기는 구심력을 만들어줄 수 있는 것, 우리에게는 그것이 필요합니다.

물질과 정신은 서로에게 영향을 미칩니다. 물질이 앞서고 정신이 그 뒤를 따르기도 하고 생각의 변화가 물질의 변화를 가져오기도 합니다. 우리에게 지금 필요한 것은 변화입니다. 하지만 없는 것에서부터 변화를 추동할 수는 없습니다. 지금 우리가 가진 것은 물질이 아니라 정신, 바로 생각입니다. 생존팩을 꾸리는 것도, 생존팩의 물품으로 버티고 끝내 삶의 확장을 꾀할 수 있는 것도 생각이 있기 때문입니다. 우리의 시작은 생각입니다. 그리고 우리는 그것을 인문학이라고 부릅니다.

기본이 되는 생각, 검증을 거쳐 살아남은 생각이 인문학입니다. 그리고 그 생각을 표현하고 기록하는 것이 인문학입니다. 우리의 인문학은 생각의 기본에서 시작하여 각자의 길을 찾아나가는 것, 바로 본립도생에서 각자도생各自圖生으로 나아가는 길입니다.

현실, 그 거대한 '헝거 게임'

수잔 콜린스Suzanne Collins의 SF소설을 원작으로 한 「헝거 게임The Hunger Games」이라는 영화가 있습니다. '헝거 hunger'는 굶주림, 갈망이라는 뜻입니다. 무엇에 굶주리고, 무엇을 갈망할까요? 바로 생존입니다. 그래서 헝거 게임은 곧 '생존 게임'입니다.

> 생존이라는 절체절명의 화두 안에 인문학은 생각을 확장시킬 중요한 무기인 것이다.

북아메리카 대륙에 판엠이라는 국가가 있습니다. 판엠은 중앙의 캐피톨과 캐피톨의 지배를 받는 13개 구역으로 나뉘어 있습니다. 그런데 13구역이 반란을 일으킵니다. 반란에 대한 진압이 무자비하게 이루어지고 13구역은 전소됩니다. 반란을 진압한 캐피톨은 헝거 게임을 만듭니다. 12개 구역에서 10대 소년·소녀들을 뽑아 단 한 명의 생존자가 나올 때까지 죽고 죽이는 게임을 하는 것입니다. 이 게임에 참가할 때는 하나의 무기만을 선택할 수 있습니다. 그것도 경쟁을 통해 획득해야 합니다.

「헝거 게임」은 영화입니다. 그런데 이 영화가 현실과 묘하게 닮아 있습니다. 지금 우리가 살고 있는 이 사회와 「헝거 게임」의 상황은 크게 다르지 않습니다. 여기서 살아남기 위해서 나는 무언가를 가져야 합니다. 그 무언가가 버티게 해줄 테니까요. 그런데 우리는 무엇을 가지고 있을까요?

블랙 프라이데이가 되면 사람들은 문 앞에서부터 장사진을 칩니다. 며칠 밤새우기를 마다하지 않습니다. 텐트를 가져다 놓고 노숙을 하면서 전의를 불태웁니다. 이윽고 문이 열리면 사람들이 쏟아져 들어가 하나라도 더 갖기 위해 전투를 불사합니다. 이것이 꼭 지금 우리의 삶 같지 않나요? 물건을 차지하기 위해서는 내게 남보다 특출한 점이 있어야 합니다. 아니면 나 자신이 싼 물건을 사지 않아도 되는 사람이어야 합니다.

지금 우리는 생존의 위기에 처해 있습니다. 잘못하면 버텨내지 못할 수도 있습니다. 다른 것은 중요하지 않습니다. 우리가 살고 있는 현실이 바로 정글 같은 시대, 무인도 같은 사회입니다. 우리는 선택을 해야 합니다. 무엇으로 어떻게 버텨낼지를 말입니다.

눈을 뜨고 가만히 바라보는 것은 체념입니다. 절망과 분노는 체념의 적극적인 표현일 뿐 체념 그 자체를 넘어설 수 없습니다. 마음속 뙈리에 가두어둔 절망과 분노로는 아무것도 할 수 없습니다. 버팀이란 준비이고 실천입니다. 삶에 대한 적극적인 의지의 발현, 그리하여 이곳에서 살아남겠다는 몸부림입니다. 하지만 그것은 시작일 뿐입니다. 우리는 재난을 준비하는 것이 아니라 이미 재난 속에 살고 있기 때문입니다. 우리는 버팀을 다시 확장해야 합니다. 확장을 통해 자신의 영역을 구축하고 그로써 다른 생존자들을 규합하여 삶의 토대를 굳건히 해야 합니다.

불안한 것입니다. 생존이라는 절체절명의 화두 앞에 인문학을 꺼내드는 것이 두려울 것입니다. '인문학이라는 책 나부랭이가 생존의 문제를 해결해줄 수 있을까? 과연 그것이 활이 되고, 블랙 프라이데이에 다른 사람에 앞서 물건을 잡을 수 있는 민첩함이 되고, 다른 이에게 뺏기지 않는 완력이 될 수 있을까?' 그러지 않을지도 모릅니다. 그런데 또 그럴 것입니다. 왜냐하면 인문학은 생각을 시작하고 그 생각을 확장시키는 도구이기 때문입니다.

인문학,
너는 누구냐?

인문학, 어떻게 정의할 것인가?

지금부터 버팀을 위한 인문학 생존팩을 만들어가겠습니다. 그 전에 한 가지 질문을 던져봅니다. 생존팩을

인간을 내용으로 하는 학문. 그러나 여전히 모호한 무정형의 덩어리 같은 느낌

만들 수 있을 만큼 대단하다는 그 인문학은 도대체 무엇일까요? 머릿속에 '인문학은 이것이다.' 하고 딱 그려지는 모습이 있나요? 인문학이 무엇이냐고 물으니 마치 안갯속을 걷는 것 같지 않은가요? 그것 같기는 한데 확실히 떠오르지는 않는, 모호하면서도 물렁물렁한 무정형의 덩어리 같은 느낌 말입니다. 그건 저도 마찬가지입니다.

생존팩을 만들기 위해서는 그 안에 들어가는 것이 무엇인지 알아야

인문학(人文學)은
인간의 사상과 문화에 대해 탐구하는 학문이다.

합니다. 포도당 캔디가 들어갈 자리에 커다란 식빵을 넣을 수는 없는 일입니다. 1년 농사를 지으려면 볍씨를 뿌려야 합니다. 그런데 볍씨에서 쌀이 나왔다고 하여 밥알을 심으면 어떻게 될까요? 농사를 망치는 것도 모자라 싹조차 틔울 수 없을 것입니다. 그래서 우리는 인문학이 도대체 무엇인지에 대한 이야기를 먼저 해야만 합니다.

무언가를 설명하는 방법은 크게 두 가지입니다. 하나는 그 자체를 이야기하는 것입니다. 톱이라는 물건은 나무나 쇠를 자르거나 켜기 위한 연장입니다. 그것은 톱 자체에 대한 설명입니다.

또 하나는 비교나 대비를 통한 설명입니다. 톱은 칼과 달리 날카로운 이가 있어 그것으로 나무나 쇠를 켜서 자른다고 말할 수 있습니다. 인문학에 대한 설명도 이와 비슷합니다.

『교육학용어사전』에서는 인문학을 "인간의 사상 및 문화를 대상으로 하는 학문 영역"이라 설명합니다. 『문학비평용어사전』에서는 "근대과학에 대해 그 목적과 가치를 인간적 입장에서 규정하는, 인간과 인류 문화에 관한 모든 정신과학을 통칭하여 일컫는다."고 설명합니다. 여기서 공통점은 인간과 문화입니다. 인문人文이라는 말 자체가 사람(人)과 문화(文)가 합쳐진 말이니까요.

서양에서도 이런 설명은 비슷합니다. 인문학은 영어로 'humanities'입니다. 기원전 55년 키케로가 쓴 『웅변가에 관하여』라는 책에 등장한 '인간의 본성'이라는 뜻의 라틴어 'humanitas'에서 온 것이지요.

그런데 이런 설명이 사람을 더 힘들게 합니다. 그럼 그 범위가 어디까지인가 하는 의문이 생기거든요. 그래서 다시 대비와 비교를 통해 분명히 할 필요가 있습니다.

> 자연을 다루는 자연과학에 대립되는 영역으로, 자연과학이 객관적으로 존재하는 자연현상을 다루는 데 반하여 인문학은 인간의 가치 탐구와 표현 활동을 대상으로 한다.
> -『교육학용어사전』

그럼 인문학을 자연과학의 반대편에 있는 것으로 생각할 수 있습니다. 다시 의문이 듭니다. 자연과학의 반대편에 있는 인문학의 영역에는 무엇이 들어갈까요? 미국 국회법에 의하면 언어 · 언어학 · 문학 · 역사 · 법률 · 철학 · 고고학 · 예술사 · 비평 · 예술의 이론과 실천, 그리고 인간을 내용으로 하는 학문이 이에 포함됩니다. 그런데 어째 설명하면 할수록 더 미궁에 빠지는 것 같습니다. 저렇게 많은 학문이 다 인문학이면 이 모든 것을 언제 다 알게 될까요? 또 자연과학만 아니면 다 인문학인 것인가요?

어디까지가 인문학인가?

제 결론부터 말씀드리겠습니다.
인문학에는 명확한 경계와 구분이 존재
하지 않습니다. 하지만 자연과학과는

선택하라. 지금 필요한 건 한 모금의 생명수이지 드넓은 인문학의 바다가 아니므로…….

다르지 않느냐고 반문할지 모르겠습니다. 객관적인 법칙이 존재하는 자
연과학과 인문학은 분명히 다르다고 말이지요.

그런데 언어와 언어학에는 객관적인 법칙이 있습니다. 영어 참고서
를 펼쳐 보면 1형식, 2형식, 3형식… 이런 내용이 나옵니다. 우리 말과
글도 마찬가지입니다. 보통 하나의 문장은 '주어＋목적어＋서술어', '주
어＋보어＋서술어' 등의 형식으로 구성됩니다. 문장을 구성하는 데도
법칙이 있는 것입니다.

세계적인 언어학자 소쉬르Saussure는 언어학의 중요 개념으로 랑그
langue와 파롤parole, 공시와 통시, 통합과 계열의 대립쌍을 이야기합니다.
어렵게 생각할 필요는 없습니다. 아주 간단한 문장으로 예를 들 수 있으
니까요.

■ 언어의 통합과 계열

주어	+	목적어	+	서술어	→ 공시. 랑그. 통합
니체가		신을		죽였다	
이교도가		돼지를		키웠다	↓ 통시. 파롤. 계열
철수가		밥을		먹었다	

여기 '니체가 신을 죽였다.'라는 문장이 있습니다. 이 문장은 '니체'라는 주어와 '신'이라는 목적어, 그리고 '죽였다'라는 서술어로 구성됩니다. 이렇게 펼쳐진 문장이 랑그이고 공시이며 통합입니다. 이때 '니체' 대신 다른 주어를 쓸 수 있습니다. '이교도가 신을 죽였다.'고 할 수 있지요. 마찬가지로 '신'이라는 목적어를 '돼지'로 바꿀 수 있습니다. 서술어도 마찬가지입니다. '죽였다'는 말이 너무 살벌하니 '키웠다'고 해도 되겠죠. 이렇게 바뀔 수 있는 부분이 파롤이고 통시이며 계열입니다. 문장은 이 관계 속에서 만들어집니다. 자연과학만이 아니라 언어도 법칙을 따른다는 것입니다.

고고학은 어떻습니까? 고고학에서 가장 중요한 것 중 하나가 출토된 유물이 얼마나 오래된 것인지를 밝히는 일입니다. 이를 위해 가장 많이 이용되는 방법이 '방사성 탄소 연대 측정법'입니다. 이 방법은 1949년 미국의 물리학자 리비Libby에 의해 처음 고안되었습니다. 그는 대기 중에 존재하는 방사성 탄소의 생성 체계를 밝혀냈습니다. 그리하여 방사성 탄소의 동위 연대를 측정하면 그 유물이 만들어진 시기를 알 수 있게 되었습니다. 물리학적 발견이 고고학에 적용된 것입니다.

그럼 수학이 있지 않느냐고 반문할지 모르겠습니다. 수학은 인문학과 단절된 학문일까요? 수학에서 아주 중요한 개념은 '0'입니다. 그런데 한국의 수학자 김용운은 『영에서 공의 세계로』에서 수학사의 가장 위대한 발견이라고 일컬어지는 '영(0)'이 불교의 '공空'에서 나왔다고 주장합니다. 이 경우에는 오히려 철학이 수학에 영향을 미친 것이지요.

사실 우리는 모두 연결되어 있습니다. 과학과 인문학도 마찬가지입니다. 열역학의 제1법칙은 에너지 보존의 법칙입니다. 엔트로피 법칙이라고 불리는 열역학 제2법칙은 '에너지는 질서 있는 곳에서 무질서한 곳으로 흘러간다.'입니다. 휘발유를 예로 들면, 우리는 휘발유를 태워 자동차를 움직입니다. 그렇다고 휘발유의 에너지가 사라지는 것은 아닙니다. 에너지가 보존되기 때문이지요. 그러나 우리는 휘발유의 에너지를 다시 쓸 수 없습니다. 쓸 수 있는 에너지에서 쓸 수 없는 무질서한 에너지로 휘발유가 변했기 때문입니다. 이것이 열역학의 법칙입니다. 그런데 행동주의 철학자인 제레미 리프킨Jeremy Lifkin은 『엔트로피Entropy』에서 열역학 제2법칙을 통해 자본주의 체제 및 인간의 생활 방식, 현대 과학기술의 폐해 등을 날카롭게 비판합니다.

다른 예도 있습니다. 다윈Darwin은 『종의 기원』이라는 책을 통해 생물의 기원에 관한 비밀을 들추어냈습니다. 이 책의 원래 제목은 '자연도태 혹은 생존경쟁에 유리한 종의 보존에 의한 종의 기원'입니다. 다양한 생물이 자연도태와 생존경쟁을 통해 진화했다는 것이지요.

그런데 진화론을 사회적 다위니즘이라는 이름으로 사회에 적용하려 한 사람들이 있었습니다. 생존경쟁과 자연도태를 인간 사회에 적용하면 어떻게 될까요? 인간은 평등하지 않게 됩니다. 약한 자가 빼앗기는 것이 당연해지고 인권 같은 것은 존재할 수 없게 됩니다. 거기서는 노예나 제국주의도 정당화됩니다. 자연과학의 진화론이 사회로 넘어와 새로운 논리의 근거가 되는 것입니다.

이처럼 자연과학이라고 해서 인문학과 완전히 분리되어 있는 것이 아닙니다. 인문학은 인간과 인간이 만들어낸 문화를 말합니다. 인문학

은 우리의 전 방위에 포진되어 있습니다. 그런데 웬만한 도서관 하나로
도 어림없을 이것들을 모두 생존팩에 담을 수 있을까요? 어쩌면 우리
머리가 터져버릴 수도 있습니다. 이는 생존팩을 꾸릴 수밖에 없는 사람
들에게 각종 편의 시설을 갖춘 호화 지하 벙커를 만들라는 이야기나 마
찬가지입니다.

이제는 선택이 필요한 시점입니다. 인문학이라고 해서 복잡하고 난
해한 이야기까지 생존팩에 쑤셔 넣을 수 없는 상황입니다. 그렇다고 길
이 없는 것이 아닙니다. 우리를 살리는 것은 아주 사소하고 간단한 것이
고, 우리에게 지금 필요한 것은 인문학의 바다가 아니라 내 몸을 살릴
한 모금의 생명수이기 때문입니다.

5장

네가 바로
그것이다

나선형의 삶

세계적인 신화학자 조지프 캠벨 Joseph Campbell은 '타트 트밤 아시Tat tvam asi'라는 말을 자주 했다고 합니다. 산스크리트어인 이 말의 뜻은 '네가 바로 그것이다.'입니다. 캠벨은 『네가 바로 그것이다』라는 제목의 책을 쓰기도 했습니다. 캠벨이 이 말을 쓴 것은 낯설고 난해한 다른 문화나 상징 속에서 자신을 발견할 수도 있다는 의미에서였을 것입니다. 하지만 지금은 조금 다른 의미로 이 말을 쓰고자 합니다.

사람들은 먼 곳에서 찾기를 좋아합니다. 마테를링크Maeterlinck의 『파랑

> 삶은 원이 아니라 나선형이다.
> 제자리로 돌아온 것 같아도
> 사실은 같은 자리가 아니다.

새』에 등장하는 틸틸과 미틸의 이야기가 아니더라도 우리는 그런 경험을 자주 합니다. 멀리 있는 줄 알고 긴 여행을 떠나지만 돌아와 보면 그건 바로 우리 곁에 있었습니다. 그럴 때면 허탈한 마음이 듭니다. 그런데 그걸 알기까지 먼 길을 돌아와야 하는 것이 사람의 숙명인지도 모르겠습니다. 그렇다고 실망할 필요는 없습니다. 먼 길을 돌아와 눈앞에 마주하게 된 그것은 전과 다른 의미를 지니게 되니까요.

사람은 열심히 나아가는 것 같지만 정작 보면 한 바퀴를 돌아 제자리로 돌아온 것 같기도 합니다. 그렇다면 우리는 똑같은 일상을 반복하기만 하는 것일까요?

일본의 이가라시 다이스케의 만화를 원작으로 한 영화 「리틀 포레스트Little Forest」에 이런 이야기가 나옵니다. 도시에 살던 주인공 이치코는 고향인 코모리로 돌아옵니다. 그리고 몇 년 전 아무 이유도 없이 사라진 엄마의 편지를 받습니다. 엄마는 삶이 원을 그리며 도는 것 같지만 사실은 나선을 타고 올라간다고 말합니다.

이치코의 엄마는 무슨 이야기를 하고 싶었던 것일까요? 힌트는 공간에 있습니다. 나선과 원은 다른 차원의 공간에 존재합니다. 원은 2차원의 평면이지만 나선은 3차원의 공간입니다. 나선은 우리가 쉽게 볼 수 있는 모양입니다. 나선형의 모양을 가장 쉽게 생각해볼 수 있는 물건은 나사못입니다. 나사못에는 나선형의 홈이 있습니다. 이 홈을 따라가면 빙글빙글 원을 그리면서 점점 높이 올라가게 됩니다. 마치 원형의 계단을 타고 올라가는 것처럼 말이지요. 그래서 「리틀 포레스트」에서는 제자리로 돌아온 것 같지만 그 자리는 같은 자리가 아니라 다른 곳이라고

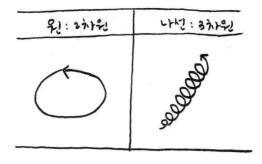

말하는 것입니다.

'네가 바로 그것이다.'와 「리틀 포레스트」에 나오는 '나선형의 삶'에 우리가 찾고자 하는 인문학에 대한 단면이 있습니다. 찾고 찾았던 것이 바로 주위에 있다는 것을 알았을 때, 그것은 이전과 다른 의미를 지닙니다. 바로 그 자리에 있었지만 내게 또 다른 의미로 다가오기 때문입니다. 그런데 그것은 다른 곳이 아니라 내 주위, 바로 내 자신에게 있었습니다. 바로 우리 삶, 우리 자신에게 인문학이 있는 것입니다.

같지만 다른 생각

명확한 경계가 존재하지 않기에 인문학의 범위는 매우 넓습니다. 하지만 이제는 인문학의 범위를 좁힐 때가

기억하라.
우리가 매일 하는 생각,
그것이 곧 철학의 근본임을.

되었습니다. 전통적으로 인문학은 문사철文史哲이라 하여 문학, 사학, 철

학을 일컬었습니다. 문사철이라고 하니 뭔가 어마어마하게 느껴집니다. 하지만 절대 그렇지 않습니다. 문사철이야말로 바로 우리 삶 속에 녹아 있는 인문학입니다.

고개를 갸웃거릴지도 모르겠습니다. 물론 우리는 시인이나 소설가와 같은 문학가가 아닙니다. 역사를 기록하는 역사가도 아닙니다. 더욱이 철학이라고 하면 벌써부터 머리가 아파오는 것이 멀고 어렵게만 느껴집니다. 이때 필요한 것이 또한 본립도생입니다. 우리는 근본에서 시작할 것입니다. 근본의 시작점으로 올라갈수록 문제는 더욱 단순하고 명쾌해지기 때문입니다. 그러면 그것이 멀리 있지 않음을 알게 됩니다.

통상적으로 문사철이라 하지만 먼저 철학부터 이야기해보겠습니다. 철학은 무엇일까요? 근원, 삶, 존재, 정치, 인간 등에 대한 고찰만이 철학일까요? 물론 그것도 철학이지만 문제를 보다 단순화시켜야 합니다. 근원, 삶, 존재, 정치, 인간은 철학 자체가 아니라 철학의 대상입니다. 또한 철학의 대상은 이보다 더 다양합니다. 하지만 변하지 않는 것이 있습니다. 그것은 철학이 그 대상에 대한 생각이라는 점입니다. 근원에 대해서 어떻게 생각하는지, 삶이 무엇이라고 생각하는지, 정치가 어때야 된다고 생각하는지에 대한 생각, 그 생각이 바로 철학입니다. 결국 철학은 다른 무엇이 아니라 생각입니다. 그렇다면 철학은 우리가 느끼는 것보다 훨씬 가까이에 있는 것이 됩니다.

우리는 모두 생각을 하고 삽니다. 생각이 있어야 무엇을 하기 때문입니다. 그리고 좋은 생각이라는 말도 합니다. 그런데 어떤 생각은 좋은 생각이 되고 어떤 생각은 철학이 됩니다. 왜일까요?

서울의 지하철은 거미줄처럼 복잡하게 연결되어 있습니다. 갈아타는 것은 또 얼마나 복잡합니까? 아무 생각 없이 걷다가는 엉뚱한 방향으로 가게 되기도 합니다. 이 복잡한 지하철을 타고 나는 목적지로 가야 합니다.

지금이야 앱을 이용하지만 옛날에는 최단시간에 도착하는 방법을 생각해야 했습니다. 생각이란 그런 것입니다. 지하철 노선을 결정하는 것, 어떤 일을 대했을 때 어떻게 하면 좋을지를 생각하는 것, 그 모든 것이 생각입니다. 그런데 어떤 생각은 가장 빠른 길을 찾아내지만 생각을 잘 못하면 시간을 허비하게 됩니다. 일을 할 때도 마찬가지입니다. 우리는 그 일을 잘할 수 있는 방법을 생각합니다. 예측을 하기도 합니다. 장사를 하고 싶다면 그곳에 어떤 사람들이 사는지를 생각하고 그 사람들에게 필요한 물건이 무엇인지를 생각해야 합니다.

『장자莊子』에는 월나라에 모자를 팔러 간 송나라 사람의 이야기가 나옵니다. 송나라 사람은 월나라에서 모자를 많이 팔 것으로 예상했습니다. 그런데 월나라에 가 보니 그곳 사람들은 머리를 짧게 깎고 문신을 하고 있었습니다. 그곳 사람에게는 모자가 필요하지 않았던 것입니다. 송나라 사람은 월나라 사람에게 필요한 물건이 무엇인지를 생각하지 않았습니다. 요즘 말로 하면 시장조사를 하지 않았던 것입니다. 결과가 어땠을까요? 헛수고 정도가 아니라 엄청난 손해를 보고 말았습니다.

좋은 생각이란 그 상황에 맞고 필요한 것입니다. 그런 생각을 하고 나아가 실천을 하면 그것이 곧 철학이 됩니다. 공자가 능히 할 수 없다고 한 것이 있습니다. 『중용中庸』에서 "천하를 통일시킬 수 있고 작록을 사양할 수 있으며 흰 칼날도 밟을 수 있지만 중용은 능히 할 수 없다."고 했습니다. 어떤 치우침 없이 때에 맞추어 생각하고 처신하는 것이 중용입니다. 생각은 누구나 하지만 딱 들어맞는 생각을 하기는 어렵습니다. 월나라에 필요한 물건을 생각하는 것도 생각이고 그때에 딱 들어맞는 생각을 하는 것도 생각입니다. 그 생각이 더욱 정밀하고 지극해지면 '중용'에까지 다다르게 되는 것입니다.

철학이란 또한 논리적인 생각입니다. 어디서 갈아타고 몇 호선을 이용하는 것이 왜 더 빠른지 우리는 설명할 수 있습니다. 거쳐야 하는 정거장이 다르고 배차 간격이 다르고 환승역 이동 거리에 차이가 있다는 사실을 근거로 들 수 있기 때문입니다. 우리가 매일 하는 생각, 그것이 바로 철학의 근원인 셈입니다. 그렇다면 일단 철학은 우리 안에 있는 것입니다.

문제는 어떻게 표현하느냐 하는 것이다

이번에는 문학입니다. 문학도 철학의 예와 다르지 않습니다. 문학은 말과 글로 이루어집니다. 말과 글은 무

> 인간은 모두 표현하며 산다.
> 그리고 예술적인 표현을 우리는
> 문학이라고 한다.

엇일까요? 아니, 우리는 왜 말과 글을 쓸까요? 그것은 표현하기 위해서입니다. 배고픔을 표현하고 아픔을 표현하고 기쁨과 슬픔, 사랑과 절망을 우리는 표현하며 삽니다.

친구와의 이야기에서, 술자리에서, 집에서, 회사에서 우리는 항상 표현합니다. 그것도 말과 글로써 말입니다. 그렇다면 우리는 매일 문학을 하며 사는 것입니다. 이메일을 쓰는 것도 마찬가지입니다. 댓글을 다는 것도 그렇습니다. 짧은 생각을 SNS에 공유하는 것도 다르지 않습니다. 회사에서 프레젠테이션을 하는 것도 표현입니다. 그런데 우리는 문학이 우리와 멀리 떨어진 곳에 있다고 여깁니다. 철학과 마찬가지로 평소 우리의 표현에 부족한 것이 있기 때문입니다. 그것은 바로 예술성입니다. 예술적인 표현을 우리는 문학이라고 합니다.

$$\boxed{표현} \rightarrow \boxed{말과\ 글} \xrightarrow{\text{예술성, 적확성}} \boxed{문학}$$

사실 우리에게 지금 필요한 것은 적확성일 수도 있습니다. '적확하다'는 말은 정확하게 맞아 조금도 틀리지 않다는 뜻입니다. 그런데 적확성은 예술성의 또 다른 얼굴입니다. 문학이 표현하는 어떤 상황이나 대상은 작가의 마음속에 그려진 것입니다. 예술적이라는 말을 쓰는 것은 그 마음에 대한 묘사나 기술이 우리의 일상적인 표현과 다르기 때문입니다. 하지만 작가는 자신의 심상을 가장 잘 표현할 수 있는 언어를 선택한 것뿐입니다.

『주역周易』의 괘卦는 음(--)과 양(—)을 나타내는 '효爻'를 기본으로 합니다. 이 효가 모여 64괘를 만듭니다. 그리고 이런 모양을 '상象'이라고 하지요. 『주역』은 상이 어떤 의미를 지니는지 설명합니다. 결국 상과 상에 대한 설명이 『주역』을 이룹니다. 그런데 상은 무엇을 표현하기 위해 생겼을까요? 상이라는 것도 결국 어떤 것에 대한 표현이잖아요. 24세에 요절한 중국 위나라의 천재 학자 왕필王弼은 『주역약례周易略例』에서 이런 말을 합니다.

상象은 의意를 표현하고 언言은 상을 나타낸다. 의를 표현하는 데는 상만한 것이 없고 상을 표현하는 데는 언만 한 것이 없다. 언은 상에서 생기므로 언을 찾아서 상을 보고 상은 의에서 생기므로 상을 찾아서 의를 본다. 의는 상으로써 다하고, 상은 언으로 드러낸다.

상은 의, 즉 뜻이 표현된 기호입니다. 마음에 있는 생각, 뜻의 덩어리입니다. 이를 먼저 상이라는 기호로 표현하고 그 상을 다시 말로 표현하는 것이지요. 사랑을 예로 들어보지요. 사랑은 어떤 것일까요? 자신의 마음에 사랑이라는 관념, 사랑이라는 것에 대한 생각이 있지만 구체적으로 어떤 모습인지 그리기는 어렵습니다. 우리는 보통 하트 모양(♡)을 통해 사랑을 표현합니다. '하트'는 모양의 이름입니다. 하지만 이 모양은 사랑을 뜻합니다. 마음속에 품고 있는 어떤 관념이 있고 그를 형상화한 모습이 있습니다. 그리고 그 형상화된 모습은 언어로 표현됩니다.

작가도 마찬가지일 것입니다. 작가의 마음에는 자신이 그리고자 하는 세계, 자신이 표현하고 싶은 것이 있습니다. 그것을 언어로 표현하면

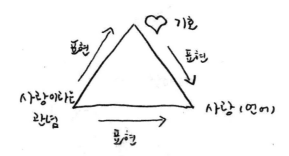

작품이 됩니다. 작가는 그 모습을 보다 정확하게 표현하기 위해 노력합니다. 고민하고 좌절하는 과정을 거쳐 표현된 글이 결국 하나의 작품이 되는 것입니다. 문학이라고 하는 것은 그 형상을 끄집어내 언어로 표현하는 것입니다.

우리도 마찬가지입니다. 내 마음을, 내 생각을 말과 글로 표현합니다. 하지만 종종 오해가 생깁니다. 나는 에둘러 아픔을 이야기하는데, 상대는 반대로 알아들을 때가 있습니다. 그건 정확히 표현하지 않은 탓입니다. 내 속의 것을 정확히 표현하고자 노력하고 그래서 그것이 펼쳐지는 것이 문학입니다. 때문에 우리에게 문학이란 바로 무언가를 정확히 표현하는 것이 됩니다.

정확한 표현은 소통의 기본입니다. 그럼 표현은 소통이라는 관계의 영역으로 확대됩니다. 하지만 관계는 사람과 사람 사이에만 국한되지 않습니다. 우리는 나와 내가 살고 있는 세상과의 관계 재정립을 시도하고 있습니다. 그것을 인문학을 통해 이루려고 하는 것이지요. 그럼 인문학은 또 다른 표현이 됩니다. 인문학으로 변화하여 새로운 나를 세상에 자리 잡게 하는 것. 우리는 지금 그 길을 향해 나아가고 있습니다.

생각, 표현, 기록

마지막으로 사학, 즉 역사가 남 았습니다. 역사라고 다르겠습니까? 역 사는 기록입니다. 객관적인 기록이 역 사입니다. 따라서 보태거나 빼지 않고 있는 그대로를 기록하는 것이 역 사입니다. 그리고 그 객관적 사실을 바라보는 견해가 역사관입니다.

인생의 나선을 타는 것을 넘어 나선 밖으로 진군하라.

우리에게 자신의 삶은 스스로의 역사입니다. 우리가 살아 있는 동안 우리는 개인의 역사를 지니고 그것은 더 큰 사회와 맞물립니다. 그것을 또 우리는 기록합니다. 일기를 쓰지 않는다고 기록을 하지 않는 것이 아 닙니다.

여행지에서 사진을 찍고 맛 집의 사진을 올리고 친구들과 이야기를 공유하는 것, 그것 역시 기록입니다. 그런데 우리의 기록이 역사와 멀리 있는 것은 우리의 기록에는 역사라는 기록이 지니고 있는 객관성과 그 것을 바라보는 견해가 빠져 있기 때문입니다. 하지만 우리가 우리의 역 사를 살고 기록한다는 사실에는 변함이 없습니다.

결국 우리는 문사철의 삶을 살고 있습니다. 조금 덜 논리적이고, 덜 예술적이고, 덜 객관적일 뿐 바로 우리 안에 모든 것이 있었습니다. 그 것이 조금 더 논리적이고, 더 예술적이고, 더 객관적이 되면, 똑같다고 느꼈지만 어느새 나선을 타고 더 위로 올라간 것처럼 철학과 문학과 역 사에 가까워지게 됩니다.

그렇습니다. 우리의 생존팩에 들어갈 기본 3요소는 바로 생각과 표현과 기록입니다. 그런데 문제는 어떻게 나선을 타고 올라갈 것인가 하는 겁니다. 잘못하면 나선을 타지 못하고 정말로 같은 자리를 빙빙 돌게 될지도 모릅니다. 반대로, 더 잘하면 나선 밖의 세상으로 진군할 수도 있습니다. 이제는 나선을 타는 것을 넘어 나선 밖으로 진군해나가야 합니다. 나선의 꼭대기에 이르면 새로운 지평선이 나타날 것입니다

행동하는
인문학

제작하는 인간

생존팩에 생각이 담겨 있습니다. 표현과 기록도 담겼습니다. 하지만 생존팩은 만능의 도구가 아닙니다. 생

> 모든 시도는 결핍에서 시작된다.
> 인류 역사상 무엇 하나 저절로
> 얻어지는 것은 없었다.

존팩을 만들었으면 확장을 해야 합니다. 생존팩이 단지 72시간을 버티게 만들어주는 도구에 멈추면 그걸로 끝일 뿐입니다. 우리는 구조대가 오지 않음을 이미 알고 있습니다. 백마 탄 초인이 짠 하고 구해줄 것이라는 생각은 버리는 게 좋습니다. 현실은 동화가 아니니까요. 우리는 스스로 버텨내야 합니다. 내 머리라는 생존팩에 담긴 생각과 표현과 기록으로 변화를 만들어내야 합니다.

이건 파스칼의 내기 같은 것입니다. 프랑스 수학자 파스칼은 신을 믿어야 한다고 주장했습니다. 신이 존재할 확률이 아무리 낮다고 해도 신이 존재하지 않는다고 할 수 없기에 신을 믿어야 한다고 했습니다. 그런데 여기에 생물학자인 리처드 도킨스Richard Dawkins가 반론을 폅니다. 도킨스는 반대로 신이 존재할 확률이 있다고 해도 신이 없는 쪽에 자신의 인생을 거는 것이 낫다고 말합니다. 신의 존재를 믿고 신을 숭배하고 신을 위해 살고 신을 위해 싸우는 것보다 지금 자신이 처한 생활에 충실한 것이 더 낫다는 말이지요.

저 먼 곳에서 쓰나미의 조짐이 보입니다. 마을 사람들은 안절부절못합니다. 얼마나 큰 위험이 닥칠지 모릅니다. 그런데 정부의 대책을 기다리고만 있어야 할까요? 누군가 내 소중한 것들을 옮겨주고 나를 안전지대로 피신시킬 때까지 가만히 있어야 할까요? 이때는 스스로 살아나갈 방법을 찾는 것이 훨씬 현명합니다. 그리고 이런 일은 신을 믿거나 안 믿거나 모두 할 수 있는 일입니다.

어떻게 보면 이런 상황은 현실보다 낫습니다. 요즘 흙수저라는 말이 여기저기서 많이 들립니다. 어떤 사람은 흙수저를 탈피하기 위해 복권을 삽니다. 그 확률이 얼마나 될까요? 로또에 당첨될 확률은 벼락 맞을 확률보다도 낮은 814만 5,060분의 1입니다. 로또 당첨이나 백마 탄 초인을 기다리기보다 그래도 스스로 무언가를 하는 쪽이 훨씬 낫습니다.

그런데 인문학으로 생존팩을 만들 수 있을까요? 가능합니다. 인문학은 기본적으로 극복이고 확장이며 변화니까요. 게다가 우리 인간들은 무언가를 만드는 DNA를 가지고 있습니다.

인간의 역사는 늘 투쟁이고 획득이었으며 패배와 저항이었습니다. 하지만 무엇 하나 저절로 얻어지는 것은 없었습니다. 들판의 꽃은 계절이 오면 피어나지만 인간에게는 패배와 굴욕도 시도를 한 후에나 얻을 수 있는 행동의 결과입니다.

사람이 무엇인가를 하는 이유는 뭔가를 얻기 위해서입니다. 얻으려하는 이유는 그것이 필요하기 때문입니다. 필요한 이유는 그것이 없기 때문입니다. 모든 시도는 결핍에서 시작됩니다.

강인한 발톱과 날카로운 송곳니가 없는 인간은 석기를 사용했습니다. 능력 있는 인간이라는 뜻의 호모하빌리스는 그 석기를 사용하는 능력에 의해서 그런 이름을 얻게 되었습니다. 또 다른 원인인 호모에렉투스는 왜 직립을 선택했을까요? 손을 사용하기 시작했기 때문에? 더 많은 먹이를 운반하기 위해서? 이유는 분분합니다. 하지만 분명한 것은 그것이 필요했기 때문입니다. 호모파베르가 도구를 이용한 것도, 호모사피엔스가 생각이라는 것을 하기 시작한 이유도 전에 없던 걸 만들어야 하고 그것이 필요하고 그를 통해 새로운 변화를 얻어야 하기 때문이었습니다.

이렇게도 이야기해볼 수 있습니다. 인간의 역사는 만듦의 역사입니다. 집을 짓고 옷을 짓고 밥을 짓습니다. 우리는 무언가를 짓고 삽니다. 먹고 살기 위해 농사를 짓고 아프면 약을 짓고 마음에 시를 짓고 노래를 짓고 무리를 짓고 표정을 짓고 또 때로는 죄를 짓고 결정을 짓고 생각을 짓습니다. 짓는다는 것은 바로 만든다는 것입니다.

생존의 DIY

우리는 끊임없이 무언가를 만들며 살아왔습니다. 만드는 것은 본능입니다. 하지만 지금 세상에서는 모든 것을 만들 필요가 없습니다. 만들어져 있는 것과 만들어야 하는 것이 있기 때문입니다. 아니면 만든 것을 더 많이 가지고 있는 사람과 만들 것이 더 많은 사람이 있을 뿐입니다. 하지만 어떤 경우에도 만들지 않고는 살 수 없습니다. 문제는 '무엇을 만들어야 하는가?', '왜 그것을 만들어야 하는가?'입니다.

중요한 것은 결핍을 스스로 해결하고, 나만의 삶을 만들어나가야 한다는 것이다.

이제 만들어야 할 시간입니다. 하지만 홀로 만들어야 합니다. 누구의 도움 없이 자신이 가진 최소한의 것으로 만들어야 합니다. 그래서 우리는 'Do it yourself!'를 외칩니다. 어느 누군가가 해주는 삶이 아니라 스스로의 삶을 만들어나가야 하기 때문입니다.

Do it yourself를 줄이면 DIY가 됩니다. 지금 DIY라는 말은 조립하여 사용할 수 있는 반제품이나 목공 등에 사용됩니다. 하지만 처음 DIY라는 말이 나왔을 때는 단순한 취미 활동이 아니라 살아야 하기에 할 수밖에 없는 생활의 활동을 의미했습니다. DIY의 탄생은 DIY를 할 수밖에 없는 상황에 따른 것이었습니다.

제2차 세계대전이 끝나고 난 후 영국에서 DIY가 시작되었습니다. 제2차 세계대전은 인간이 벌인 가장 참혹한 전쟁이었습니다. 전쟁 중 사망자만 2,500만 명에 달했지요. 섬이었던 영국은 유럽 대륙보다 피해가

덜했지만 그건 말 그대로 덜할 뿐이었습니다. 유럽 대륙은 이미 초토화 상태였습니다. 물자도 인력도 부족했습니다. 누가 누구를 위해 무엇을 해줄 수 있는 상황이 아니었습니다. 전쟁으로 인해 재난 상황이 닥쳤던 것입니다.

만약 지금 화장실 변기가 막힌다면 우리는 어떻게 할까요? 뚫어보려고 노력은 할 것입니다. 하지만 그 노력이 생존을 걸 만큼 급박한 것일까요? 그건 아닐 것입니다. 그럼 이내 전화를 들어 수리공을 부를 겁니다. 가스레인지가 고장 날 수도 있습니다. 가스레인지를 혼자 고칠 수 있는 사람이 몇이나 될까요? 고칠 때까지 밖에 나가 음식을 사 먹을 수 있을 것입니다. 그런데 사 먹을 곳이 없다면 어떻게 해야 할까요? 휴대용 가스버너가 있네요. 그런데 그것도 없다면 어떻게 해야 합니까? 죽어라 고치든가 아니면 불을 피울 또 다른 방법을 찾아야 할 것입니다.

아마 제2차 세계대전 후 영국은 이보다 훨씬 심각했을 것입니다. 그때는 대부분의 것을 혼자 해결해야 하는 상황이었습니다. 문이 고장 나도 탁자가 주저앉아도 옷이 해어져도 난로가 고장 나도 스스로 고쳐야 했습니다. 그렇게 DIY는 시작되었습니다.

지금 우리가 DIY를 한다면 그것은 취미의 DIY가 아닌 생존의 DIY입니다. 물론 우리는 2차 세계대전 후의 영국에 살고 있지 않습니다. 하지만 그 본질은 다르지 않습니다. 결핍을 스스로 해결해야 한다는 동일한 전제를 우리는 공유하고 있습니다. 중요한 것은 만들어내야 한다는 것입니다. 그리고 그 만듦은 스스로에게 기댈 때만 가능해집니다. 그때 인문학은 행동하는 인문학으로 변화하게 될 것입니다.

7장

시대의
도면들

생각 사용설명서

우리가 먼저 만들어야 할 것은 생각입니다. 생각하지 않고는 어떤 것도 이룰 수 없습니다. 구석기에서 신석기로 오기까지 얼마나 많은 시간이 걸렸는지를 떠올려보세요.

변화는 순식간에 이루어지지만 그 전에 우선 집적된 토대가 있어야 한다.

전에 없던 하나를 생각해서 만드는 데는 그렇게 오랜 시간이 걸립니다. 그러나 그런 것들이 많아지고 생각이 풍부해지면 새로운 것들이 나타나는 시간은 기하급수적으로 줄어듭니다. 신석기시대에서 청동기시대로, 청동기시대에서 철기시대로 넘어온 시간을 보면 알 수 있습니다. 그리고 지금의 디지털 시대에는 불과 몇십 년, 아니 몇 년이나 며칠 사

구석기시대부터 디지털 시대까지, 변화는 하루아침에 이루어지지 않았다.

이에 경천동지할 변화가 생기기도 합니다.

그러나 그런 변화는 하루아침에 이루어지지 않습니다. 1948년에 트랜지스터가 발명되었기에 지금의 디지털 시대가 있을 수 있습니다. 트랜지스터의 발명은 또 이전의 기술에 의해 이루어진 것입니다. 변화는 순식간에 이루어지지만 그 변화를 이루기 위해서는 차곡차곡 집적된 토대가 있어야 합니다.

생각하는 것도 그와 같습니다. 처음이 어렵지, 하다 보면 생각에 익숙해집니다. 게다가 정말 다행인 점이 하나 있습니다. 우리에게는 생각 사용설명서, 표현 사용설명서, 기록 사용설명서와 예시가 있습니다. 그것은 고전입니다.

고전은 반짝하고 사라지는 베스트셀러가 아닙니다. 오랜 시간을 두고 사람들에게 읽히며 영감과 변화, 그리고 역동성을 준 저작들입니다. 그런 의미에서 고전은 검증된 생각이라고 할 수 있습니다. 하지만 어떤 사람들은 고전을 시대에 뒤떨어진 생각이라고 폄하하기도 합니다. 물론 그런 생각을 가질 수 있습니다. 그러나 그것은 고전에서 하나의 면만을 보았기 때문에 생긴 현상입니다.

지금은 지구가 공전과 자전을 한다는 사실을 누구나 알고 있습니다.

지금 지구가 우주의 중심이고 태양을 비롯한 행성들이 지구를 중심으로 돈다고 하면 정신 나간 사람으로 취급받을지도 모릅니다. 하지만 갈릴레오와 코페르니쿠스의 지동설은 당시 혁신을 넘어선 신성모독적 학설이었습니다. 모두 지구가 중심이라고 믿고 있을 때 지구가 태양을 돈다는 논리적 근거와 과학적 증명을 제시했기에 우리는 지금 지동설의 시대를 살고 있는 것입니다.

지금 보면 황당하지만 예전에는 당연했던 학설이 그밖에도 아주 많습니다. 예전에는 지구가 둥글지 않고 평평하다는 학설이 세상을 지배했습니다. 지구 평면설은 아리스토텔레스가 기원전 330년경 지구가 둥글다는 증거를 제시하기 전까지 유효했습니다. 지금이야 우주에서 본 지구의 사진을 보면 금방 알 수 있습니다. 하지만 지구의 모습을 볼 수 없을 때는 어떻게 지구가 둥글다는 것을 알았을까요? 우리가 기원전 330년에 살고 있다면 아리스토텔레스와 같은 생각을 해낼 수 있었을까요? 아마 무척이나 어려웠을 것입니다. 많은 사람이 보는 것과 다르게 세상을 보는 눈, 관찰에서 법칙을 찾아내는 논리가 없다면 주장조차 할 수 없었을 것이라고 생각합니다.

수많은 사람이 수평선, 지평선을 보면서도 지구가 둥글다는 생각을 하지 않았습니다. "부웅" 하는 소리와 함께 배가 항구를 떠납니다. 바다로 갈수록 항구에서 배는 점점 더 작게 보입니다. 그리고 이내 수평선 너머로 사라집니다. 이것이 우리가 생각하고 바라보는 풍경입니다. 그러나 이 광경에서 다른 것을 볼 수 있습니다. 멀어질수록 배가 작게 보이는 것은 당연합니다. 그런데 완전히 멀어져 시야에서 사라질 때, 그 모습이 조금 이상합니다. 지구가 평평하다면 배는 서서히 작아지다가 보이지 않아야 합니다. 하지만 배는 아래로 조금씩 꺼지다가 사라집니다. 그것은 지구가 둥글기 때문입니다.

공자에 대한 오해

어떤 사물에서, 어떤 현상에서 다른 논리와 체계를 찾아내는 생각, 그 생각에 대한 기록이 고전입니다. 지동설이나 지구 구체설은 그 과정을 보여줍니다. 그러고 보니 공자라는 인물도 그렇습니다. 진지하게 마주하기 전까지 공자는 제게 충과 효와 예의범절만을 강조하는, 요즘 말로 하면 그저 그런 꼰대에 가까웠습니다. 게다가 공자는 여성 차별주의자였습니다. 『논어』의 「양화편陽貨篇」에서 "정말로 여자와 소인은 대하기 어렵다. 가까이하면 공손치 않고, 멀리하면 원망한다."고 말한 바 있지요. 여자와 소인이 동급이라는 이야기입니다. 하긴 성경을 보아도 여자는 불평등한 대우를 받습니다.

그뿐만이 아닙니다. 『논어』「팔일편八佾篇」에서는 공자가 계씨를 일러 이렇게 이야기합니다. "뜰에서 팔일무를 춤추게 하니 이것도 차마 하는데, 차마 하지 못할 일이 무엇이겠는가?"

이 구절을 처음 접하고 이런 생각을 했습니다. '아니, 이 양반은 남의 집 뜰에서 춤을 추는 것에까지 왜 상관을 하나. 남이야 팔일무를 추든

우리는 공자가 예를 중요시한 사실만 본다. 정작 던지고 생각해야 할 질문은 '왜?'이다.

육일무를 추든.'

하지만 이것은 평면적인 이해입니다. 『논어』라는 고전에서 우리가 보고 생각해야 할 것은 팔일무가 아니라 계씨가 자신의 집 뜰에서 팔일무를 추게 했고 이를 본 공자가 분노했다는 것입니다. '왜?' 이것이 우리가 던지고 생각해야 할 질문입니다. 그리고 여기에 공자와 『논어』를 이해할 수 있는 단서가 숨어 있습니다.

팔일무는 64명이 여덟 명씩 여덟 줄로 늘어서 추는 춤입니다. 인원수에 따라 육일무, 사일무, 이일무로 나누어집니다. 문제는 이 팔일무가 누구의 춤이냐 하는 것에 있습니다. 예전에는 용의 발톱으로 지위를 나누기도 했습니다. 중국의 황제가 입는 옷에 그려진 용은 발톱이 다섯 개인 오조룡입니다. 황태자는 그보다 낮으니까 발톱이 네 개인 사조룡이 그려진 옷을 입었습니다. 이처럼 지위에 따라 할 수 있는 것과 할 수 없는 것이 분명했습니다. 거기에 춤이라고 빠질 리 없었습니다.

팔일무는 천자에게만 허락된 춤이었습니다. 공자는 춘추시대를 살았습니다. 혼란의 춘추시대였지만 제후를 통할하는 주나라에는 엄연히 천자가 존재하고 있었습니다. 그런데 「팔일편」에 언급된 계씨는 노나라의 제후도 아닌 일개 대부에 불과했습니다. 제후도 팔일무는 안 되고 육일무만 되는데, 일개 대부가 천자의 춤인 팔일무를 자신의 뜰에서 추게 했던 것입니다.

여기에 공자의 생각에 대한 실마리가 있습니다. 대부가 천자의 춤을 즐기는 혼란의 시대를 바로잡을 방법은 무엇일까요? 사람마다 생각이 다를 것입니다. 마키아벨리는 강력한 군주의 출현을 원했습니다. 갈기

갈기 찢어져 외세의 침략에 제대로 된 대응 한 번 못하고 신음하는 조국을 바라보며 마키아벨리가 한 생각은 강력한 군주에 의한 통치였습니다. 그리고 그 생각이 응축된 책이 『군주론』입니다. 어떤 사람들은 목적을 위해서는 수단과 방법을 가리지 않는 것이 『군주론』의 전부라고 생각합니다. 물론 틀린 말은 아닙니다. 하지만 온전히 마키아벨리의 생각을 이해한 것도 아닙니다. 이는 제가 공자를 예의범절만 강조한 꼰대라고 여긴 것과 같습니다.

마키아벨리에게 중요한 것은 도덕이 아니었습니다. 마키아벨리는 조국을 위해서 무엇이든 할 수 있는 군주만이 혼란을 종식시킬 수 있다고 생각했습니다. 그의 이러한 생각은 현실 정치의 발원이 됩니다. 그 전까지 정치는 종교와 도덕의 영역에 속해 있었습니다. 하지만 마키아벨리는 정치에서 종교와 도덕을 걷어냅니다. 프로이센의 왕이었던 프리드리히는 마키아벨리의 『군주론』을 일컬어 악덕의 책이라고 했다지요. 하지만 그 역시 군주로서 마키아벨리즘적 정책을 취하지 않을 수 없었습니다.

공자는 혼란을 종식시킬 방법을 예禮에서 찾았습니다. 대부가 천자의 춤을 추게 할 수 없는 세상이란 예라는 질서가 확고한 사회를 말합니다. 신하가 임금을 죽이지 않고, 자식이 어버이에 불경하지 않는 세상, 그런 질서에 따라 움직이는 세상, 그런 세상을 공자는 원했던 것입니다. 그리고 그 예는 주나라의 질서를 다시 복원하는 것이었습니다. 그래서 공자가 예를 그렇게 중요시했던 것입니다.

통념의 전복을 경험하라

'충忠'이라는 말도 짚고 넘어가

볼까 합니다. 충이라고 하면 보통 충신

이나 충성을 떠올립니다. 충성은 신라

화랑의 세속오계에서도 첫 번째 자리를 차지합니다.

신라 진평왕 때였습니다. 화랑 귀산과 추항은 원광국사에게 일생을 두고 지켜야 할 금언을 청합니다. 그때 원광국사가 내려준 것이 임금을 섬김에 충성으로 한다는 '사군이충事君以忠', 어버이를 섬김에 효로써 한다는 '사친이효事親以孝', 벗을 사귐에 믿음으로써 한다는 '교우이신交友以信', 전쟁에 임하여 물러서지 않는다는 '임전무퇴臨戰無退', 산 것을 죽임에 가림이 있다는 '살생유택殺生有擇'의 세속오계입니다. 세속오계에서도 충은 첫 번째 자리에 놓입니다.

그래서인지 우리는 충이라고 하면 임금에 대한 무조건적인 충성만을 떠올립니다. 하지만 공자의 충은 더 큰 의미를 담고 있습니다.

공자가 증자에게 말합니다. "삼아, 나의 도는 하나로 꿰어져 있다." 여기서 '삼'은 증자의 이름입니다. 이 이야기를 들은 증자는 그저 "예, 그렇습니다." 하고 대답합니다. 무슨 선문답을 듣는 것 같습니다. 도가 하나로 꿰어져 있다는 것은 무엇이고, 증자는 또 무엇을 알았기에 그렇다고 대답했을까요? 당시 옆에 있던 사람도 그 이유를 알지 못했던 모양입니다. 그런데 공자가 있으니 함부로 묻지 못하다가 공자가 밖으로 나가자 증자에게 무슨 이야기인지를 묻습니다. 그러자 증자가 대답합

우리는 정말로
공자의 '충'에 대해
알고 있는가?

니다.

"선생님의 도는 충忠과 서恕일 따름입니다."

증자가 말한 공자의 하나로 꿰어진 도는 '충서忠恕'입니다. 그런데 이때의 '충'은 우리가 흔히 알고 있는 충성이나 충신의 충이 아닙니다. 참된 마음으로 자신에게 정성을 다하는 것입니다. 자신을 참되게 하고 정성스럽게 하여 긍정한다는 것입니다. '서'는 그것이 밖으로 확장되는 것을 말합니다. 이는 우리가 생각하는 충성과는 전혀 다른 개념입니다.

이런 생각은 『맹자』에도 나타납니다. 제나라 선왕과 맹자가 만났을 때 제나라 선왕은 맹자에게 상나라의 탕왕이 하나라의 걸왕을 몰아내고 주나라 무왕이 상나라의 주왕을 쫓아낸 일이 있느냐고 물었습니다. 물론 그런 역사적 사실이 있었습니다. 맹자도 그런 기록이 있다고 말합니다. 제나라 선왕이 이걸 모를 리 없을 텐데 군이 맹자에게 물어본 이유는 무엇일까요? 선왕에게는 맹자를 비꼬고 싶은 마음이 있었는지 모릅니다. 왜냐하면 상나라를 세운 탕왕이나 주나라를 세운 무왕은 유가에서 높이 떠받드는 인물이기 때문입니다.

유가는 신하의 도리를 중요하게 생각합니다. 신하가 임금을 폐하고 왕이 된다는 것은 유가의 도리와 맞지 않습니다. 그런데 탕왕은 하나라의 임금인 걸을 몰아내 상나라를 세우고, 상나라의 신하였던 무왕은 주를 몰아내고 주나라를 세웠습니다.

선왕은 한발 더 나아가 신하가 임금을 죽여도 괜찮은가 묻습니다. 이때 맹자가 이야기합니다.

"인을 해치는 자를 포악하다 하고 의를 해치는 자를 잔학하다 합니다. 이 잔학하고 포학한 사람은 일개 필부에 지나지 않습니다. 주나라 무왕이 일개 필부인 주를 죽였다는 말은 들었어도 자신의 임금을 죽였다는 말은 듣지 못했습니다."

아무리 임금이라 할지라도 인의를 해치는 자는 일개 필부에 지나지 않는다고 맹자는 말합니다. 결국 유가에서 충이 절대적인 가치는 아니었던 것입니다.

생각의 단층

이처럼 고전을 통해 우리는 우리가 가지고 있던 통념의 전복을 경험할 수 있습니다. 또 어떤 생각이 어떤 논리에 의해 전개되는지 볼 수 있습니다. 또한 동양의 고전은 오랜 시간 많은 사람에 의해 다듬어진 생각의 집적체입니다. 바로 주註와 소疏가 있기 때문입니다.

우리가 일반적으로 보는 『논어』는 원문이나 원문을 해석한 글입니다. 유가의 사상은 『논어』로부터 시작된다고 해도 과언이 아닌데, 그것은 『논어』의 전부가 아닙니다. 유학을 공부하면서 셀 수도 없이 많은 학자가 『논어』를 읽었을 것입니다. 그리고 『논어』에서 얻은 실마리를 확장하여 자신의 사상을 정립하였을 것입니다. 흔히 우리가 말하는 해석이라는 것이 그렇습니다. 같은 사건도 방향과 관점에 따라 완전히 달리

시대가 남긴 생각의 도면들을 활용하라. 전의 것이 있지 않고 후의 것이 있을 수 없기 때문이다.

보이지요. 『논어』를 보는 학자들의 방향과 관점도 저마다 달랐습니다. 그러니 논쟁이 벌어졌지요. 『성경』도 해석에 따라 다르게 받아들여집니다. 하지만 『성경』의 내용은 고칠 수가 없습니다. 『논어』도 마찬가지입니다. 그래서 '주'와 '소'가 생겨났습니다.

청나라 때 학자인 단옥재에 의하면 주는 경전을 해석하여 그 의의를 밝힌 것입니다. 그리고 소는 주를 기초로 하여 의미를 더욱 소통시킨 것입니다. 이를 통해 『논어』는 확장됩니다. 비교적 단순했던 사상이 후대 학자들의 주와 소를 통해 더욱 풍부하고 깊은 생각으로 변화한 것입니다. 이 또한 생각의 확장입니다.

우리나라 역사에서 가장 뛰어난 사상가 중 하나로 일컬어지는 원효대사가 쓴 책의 제목도 『대승기신론소大乘起信論疏』입니다. 즉 『대승기신론』에 대한 소라는 것입니다. 본래 『대승기신론』은 인도의 아슈바고샤가 저술한 것이고 550년경 진체삼장이 한자로 번역한 것입니다. 원효대사가 이를 주석한 책이 『대승기신론소』입니다.

고전은 시대가 우리에게 남긴 생각의 도면들입니다. 어떻게 생각해야 할지 모를 때 고전을 읽는다는 것은 먼저 있는 학자들의 생각을 따라 해보는 것이나 마찬가지입니다. 만약 그 생각이 깊고 깊어지면 더 큰 생각을 할 수 있게 될 것입니다. 그런 사람들은 새로운 사상의 시대를 여는 사상가나 철학자가 되겠지요.

전에 것이 있지 않고 후의 것이 있을 수 없습니다. 이 급박한 시대에 변화에 휩쓸리면 아무것도 할 수 없습니다. 이 시대의 변화는 우리에게 무임승차를 허락하지 않습니다. 변화의 배에 오른다 해도 내가 갈 길을 결정할 수 없습니다. 그것은 나 자신의 배가 아니기 때문입니다. 내 배를 만들어야 합니다. 우리는 넓고 튼튼한 생각에 나를 태울 것입니다. 물의 길을 알아야 배가 움직이듯이 생각의 길을 만들 것입니다. 물의 길이 어디로 나 있는지, 어떤 배를 만들어야 하는지 알려주는 것이 고전입니다. 고전을 통해 우리는 근본을 꿰뚫을 수 있습니다.

고전,
어떻게 읽을 것인가?

불분불계不憤不啓 **불비불발**不悱不發

　　고전은 인문학을 함에 있어 가
장 좋은 안내서입니다. 그런데 종종 이
런 질문을 받을 때가 있습니다. '고전을
도대체 어떻게 읽어야 하는가?'

> 힘써 노력하지 않으면
> 열어주지 않으며, 애를 태우지
> 않으면 또한 말해주지 않는다.

　'철학 고전을 읽으면 정말로 생각이 확장되는가? 문학 고전을 읽으
면 예술적으로 표현할 수 있게 되나? 역사 고전을 읽으면 사실을 객관
적으로 파악할 수 있게 되는가?' 이러한 의문이 남는 것입니다. 여기에
또 한 가지 난관이 있습니다. 사실 고전은 재미있다기보다 지루하고 어
렵습니다.

그래서 많은 사람이 고전을 알기 쉽게 설명한 책을 읽습니다. 그것도 좋은 방법입니다. 하지만 정말 중요한 것은 읽는 것이 아닙니다. 읽는 것은 그 시작일 뿐입니다.

앞서 우리는 행동하는 인문학을 이야기했습니다. 우리는 누군가의 생각에 따라 움직이는 것이 아니라 스스로 직접 생각한 것에 따라 행동해야 합니다. 그렇다고 새로운 사상을 만들라는 것은 아닙니다. 먼저 버틸 수 있는 최소한의 힘을 키워야 한다는 것입니다. 그 힘을 키워주는 것이 고전입니다.

우리는 성냥이나 라이터가 없을 때 불을 피우는 방법을 알고 있습니다. 나무를 마찰시켜 불씨를 만드는 것입니다. 생존 프로그램에서는 그렇게 불을 피웁니다. 우리는 그것을 보았고 알고 있습니다. 하지만 우리가 그렇게 불을 피울 수 있을까요? 수회의 시행착오와 엄청난 노력이 필요할 것입니다.

무언가를 한다는 것은 그저 보는 것이 아닙니다. 방관자에게는 구경만이 허락될 뿐입니다. 생각도 마찬가지입니다. 갑자기 어디서 좋은 생각이 뚝 떨어지나요? 생각해내려고 안간힘을 쓸 때 비로소 본래 하고 싶었던 것과 비슷한 생각을 할 수 있습니다.

공자는 『논어』에서 "불문물계不憤不啓 불비불발不悱不發 거일우擧一隅 불이삼우반不以三隅反 즉불복야則不復也"라 했습니다. 불분不憤이란 분발하지 않는다는 것입니다. 알고 싶어서 힘써 노력하지 않으면 공자는 열어주지 않는다고 했습니다. 불비不悱는 마음속에 있는 표현을 하지 못해 애를 태우는 모습입니다. 그렇게 애를 태우지 않으면 또한 말해주지 않는다는 것입니다. 한쪽 귀퉁이를 들었는데 다른 세 귀퉁이를 알려고 하지 않으면 다시 반복하지 않는다고 했습니다.

물론 우리는 이보다 훨씬 나은 상황에 있습니다. 하지만 공자의 말을 허투루 들어서는 안 됩니다. 고전을 읽는다는 것, 인문학을 한다는 것은 거저 얻어지는 것이 아닙니다. 내가 얻고자 스스로 노력할 때 고전은 우리에게 무엇인가를 던져줍니다. 불분불계 불비불발이라는 말에서 계발 啓發이라는 단어가 파생된 것처럼 그때 우리는 자기 계발을 할 수 있게 됩니다. 그래서 스스로의 인문학을 해야 합니다. 그러나 여기에는 몇 가지 원칙이 있습니다. 그 원칙을 지키지 않으면 고전은 나와 상관없는 그저 옛날의 책이 되어버리고 말 것입니다.

고전 읽기 원칙 하나

고전을 읽는 첫 번째 원칙은 왜 그런 생각이 탄생했는지를 생각하는 것입니다. 어떤 상황이었기에, 무엇이

어떤 상황이었고 무엇이 있었기에 그런 생각이 탄생했는가?

있었기에 그런 생각을 하게 되었는지를 이해해야 합니다. 이는 기계적인 암기가 아닙니다. '조선 건국 1392년, 콜롬버스 미 대륙 발견 1492년, 임진왜란 1592년'과 같지 않다는 말입니다. 고전이 지어진 연대를 안다는 것은 크게 중요하지 않을 수도 있습니다. 정말 중요한 것은 그 시기의 맥락을 아는 것입니다. 어떤 시대적 · 사회적 맥락이 있었기에

그런 생각을 하게 되었는지를 알아야 합니다.

그것은 스스로 고전의 작가가 되는 것과 비슷합니다. 우리는 앞서 공자가 왜 예를 강조했는지, 마키아벨리가 왜 『군주론』을 썼는지에 대해 이야기했습니다. 만약 우리라면 그 시대의 문제를 해결하기 위해 어떤 생각을 했을까요? 저들은 왜 그런 생각을 했을까요?

그것을 알지 못하면 눈앞에 펼쳐둔 고전은 처음부터 길을 잃고 맙니다. 그렇다고 너무 걱정할 필요는 없습니다. 그런 이유를 알려주는 책은 아주 많습니다. 문제는 그것을 보면서 그저 그랬구나 하고 고개를 끄덕이고 마는 데 있습니다.

우리는 직접 그 치열한 상황으로 들어가야 합니다. 공자가 천하를 주유했던 시기에는 전쟁이 끊이지 않았습니다. 사람들이 거리에서 죽는 것은 일상이었습니다. 그러니 어떤 사람은 마키아벨리처럼 강력한 군주를 통한 천하 통일을 원했을지도 모릅니다. 마치 진시황처럼 말이죠. 하지만 공자는 그 방법을 선택하지 않았습니다.

공자가 살았던 시기는 여러 학자와 수많은 학파가 존재하던 제자백가의 시대였습니다. 공자와 맹자로 이어지는 유가, 자연 그대로의 삶을 강조한 노자와 장자로 유명한 도가, 법에 의한 엄격한 통치를 주장했던 법가, 차별 없는 사랑을 주장한 묵가, 선생에서의 선술과 병법을 강조한 병가도 있었습니다.

제자백가의 학설은 그 시대 삶과 사회에 대한 생각입니다. 그런데 공자는 왜 인과 예를 중시했을까요? 인과 예가 무엇일까요? 시대의 맥락을 알고 그로부터 그의 생각에 접근해야 합니다. 시대의 논리를 생각하는 것이지요. 그리고 이 원칙은 이후 고전 읽기의 세 번째 원칙과도 연결됩니다.

고전 읽기 원칙 둘

시대의 논리에서 그 생각이 탄생한 배경을 직접 살폈다면 이제는 고전 자체가 이야기하는 생각을 따라가야

> 따라가고 이해하는 것에
> 그치지 말라. 그 생각을 음미하고
> 재구성하라.

합니다. 이것이 행동하는 인문학의 두 번째 원칙입니다. 지구가 평평하지 않고 둥글다는 논리의 근거 중 하나가 수평선을 향해 나아가는 배의 모습입니다. 그런 논리를 따라가보자는 것입니다.

노자老子의 『도덕경道德經』에는 "도생일道生一 일생이一生二 이생삼二生三 삼생만물三生萬物"이라는 구절이 있습니다. 도가 하나를 낳고 하나는 둘을 낳고 둘은 셋을 낳고 셋은 만물을 낳는다는 말입니다. 이 말을 어떻게 받아들여야 할까요?

중국 전한 때의 사람 하상공은 하나가 무엇인지는 확실치 않지만 둘은 음양이고 셋은 화기和氣 · 청기淸氣 · 탁기濁氣를 가리킨다고 했습니다. 이 화기 · 청기 · 탁기는 다시 하늘과 땅, 그리고 사람인 천 · 지 · 인이 되는데, 이 천지인이 만물을 낳는다는 것이죠. 또 어떤 사람은 '도'라는 비어 있는 곳에서 하나의 기운이 움직이고 그 기운이 맑은 것과 탁한 것으로 나뉘어져 음양이 되고 음양의 운동으로 하늘과 땅과 사람이 생

겨 만물을 낳는다고도 주장합니다.

　풀이는 다양할 수 있습니다. 이런 풀이에 동의하지 않을 수도 있습니다. 그런데 동의하지 않으려면 먼저 그 대상에 대해 알아야 합니다. 그리고 동의하지 않는 데 대한 논리가 있어야 합니다. 여기서 더 나아가면 자신의 견해를 밝혀야 합니다. 이 과정은 누가 대신해주지 않습니다. 스스로 생각할 때만 알 수 있게 됩니다. 방정식을 풀기 위해 식을 만드는 것처럼 논리를 대입해서 생각해야만 합니다. 그건 '도가=무위자연'과 같은 등식이 아닙니다. 고전을 읽을 때는 그의 생각을 함께 따라가야 합니다. 고전 해설서를 읽을 때도 마찬가지입니다. 단지 이해하는 것에 그치지 않고 음미하고 재구성해보아야 합니다. 그러지 않으면 그저 암기가 될 뿐입니다.

고전 읽기 원칙 셋

> 스스로 한계의 획을 긋지 말라.
> 그때야 비로소 고전은 책이
> 아니라 삶이 된다.

　행동하는 인문학의 마지막 세 번째 원칙은 지금 스스로에게 대입해보는 것입니다. 여기에는 생각이 탄생한 배경과 생각의 논리가 함께 적용됩니다. '어려운 시기를 이겨내기 위해 만들어진 생각이 내 어려움과 어떻게 연결될까? 공자가 살았던 전쟁의 시대, 인의와 예가 무너진 시대가 지금과 같지 않은가? 그때의 위정자들이나 지금의 정치가들이 비슷하지 않은가? 그럼 나는 무엇을 어떻게 해야 하는가?' 이렇게 생각하며 고전과 나와의 끈을 만들어야 합니다. 이것이 시대적 생각입니다.

다른 방법도 있습니다. 고전의 내용을 자신의 삶에 투영해보는 것입니다. 내게 힘들고 어려운 일이 있습니다. 이 고난은 끝날 것 같지가 않습니다. 그런데 『맹자』에서 "유수지위물야流水之爲物也 불영과불행不盈科不行"이라는 구절을 보게 되었습니다. 이 말은 '흐르는 물이라는 것은 구덩이를 메우지 않고는 가지 않는다.'는 뜻입니다.

물이 흐르다 구덩이를 만납니다. 물은 더 이상 나아가지 못합니다. 구덩이에 물이 가득 차야 흐를 수 있기 때문입니다. 마찬가지로 내 힘듦도 힘듦이 다해야만 끝나는 것입니다. 물이 구덩이를 채워야 흐르는 것처럼 그것을 버틸 때 다른 국면을 맞을 수 있게 되는 것입니다.

공자는 『논어』「옹야편雍也篇」에서 "도를 좋아하지 않는 것은 아니나 힘이 부족합니다." 하고 말하는 제자 염구에게 이렇게 대답합니다. "힘이 부족한 자는 중도에서 포기하지만 너는 지금 스스로 한계의 획을 긋고 있다."

내가 스스로 무언가에 대한 한계를 먼저 설정하고 있지는 않은가 생각해볼 때 고전은 책이 아니라 내 삶이 됩니다. 고전의 논리를 따라가는 것은 그 논리가 어떻게 전개되는지를 통해 생각의 근육을 키우는 것입니다. 그 논리의 흐름에 따라 내 생각을 펼 수 있습니다. 아니면 내 생각과 다른 부분에 대해 이야기할 수 있습니다. 그리고 이 모든 것은 스스로 그 과정을 거쳤을 때만 할 수 있는 일들입니다.

표현도 기록도 행동이다

문학적 표현이나 객관적 기록도 마찬가지입니다. 정말로 예술적인 표현은 재능을 타고난 사람만이 할 수 있을

행동하지 않는 생각은 생존의 기술이 될 수 없다.

지도 모릅니다. 하지만 국가대표 달리기 선수만이 달릴 수 있는 것은 아닙니다. 예술적이지 않더라도 우리는 우리의 생각을 표현할 수 있습니다.

우리는 누군가에게 재미있는 이야기를 들으면 그것을 기억했다가 다른 사람에게 전해줍니다. 어딘가에서 들은 멋진 표현을 기억하여 다른 곳에서 말하기도 합니다. 물론 문학은 단지 표현이 아닙니다. 생각의 표현입니다. 세상과 사물을 다르게 보는 눈입니다. 따라서 내게 있는 생각을 내가 본 멋진 구절에 대입하여 말하면 됩니다. 한 번, 두 번 말하다 보면 나만의 말법이 생깁니다.

객관적인 기록은 상황 파악 능력을 기르는 데 도움이 됩니다. 흔히 임진왜란에서 조선이 패전을 거듭한 것은 일본군이 조총을 들고 쳐들어왔기 때문이라고 생각합니다. 하지만 조총은 당시 효과적인 무기가 아니었습니다. 장전을 하려면 불을 붙여야 했거든요. 지금처럼 라이터가 있었다면 모늘까 전쟁 상황에서 부싯돌을 쓰는 것은 여간 번거롭지 않았을 것입니다. 습기가 많거나 비가 오는 날에는 더 힘들었을 것입니다. 논리적인 다른 이유를 우리는 찾아야 합니다.

일본은 수많은 내전을 겪으며 전쟁 국가가 되었습니다. 하지만 조선은 그렇지 않았습니다. 임진왜란은 조선과 일본의 다양한 내부적 원인

과 외부적 인과관계에 의해서 일어났습니다. 사실을 직시하고 그것을 배열하여 하나의 사건을 만드는 것이 바로 세상을 바라보는 눈입니다. 그것 역시 생각에 의해서 가능해집니다.

이런 것들이 현실과 떨어져 있을까요? 그렇지 않습니다. 상품을 출시하거나 장사를 시작하기 전에는 시장조사를 해야 합니다. 그때 정확한 맥락을 짚어내는 생각을 해야 합니다. 보고서를 쓸 때는 어떤가요? 내용을 정확하게 기술해야 합니다. 좋은 기술과 좋은 생각이 있어도 투자자를 설득할 표현력이 부족하면 힘없이 뒤돌아서야 합니다. 생각, 표현, 기록은 그래서 삶을 버티게 해주고 또 나아가게 해주는 요소인 것입니다.

9장

나는 어떻게
생각하는가?

마음의 버팀목을 세우고

무언가를 만들기 전에 먼저 해야 할 일이 있습니다. 마음의 체력을 회복하는 일입니다. 걸을 힘도 없는 사람에게 뛰라고 할 수는 없습니다. 무기력

> 먼저 나를 지탱해줄 마음의
> 버팀목을 만들어야 한다.
> 삶은 천 리 길보다
> 훨씬 더 멀고 험하다.

과 체념에 흔들리는 사람에게 당장 굳건한 의지로 세상에 뛰어들라고 할 수도 없습니다. 먼 길을 떠나기 위해서는 체력을 키워야 하고 무언가를 하기 위해서는 마음을 다잡아야 합니다. 『장자』의 「소요유편逍遙遊篇」에 이런 말이 나옵니다.

가까운 교외로 나가는 사람은 세 끼 밥을 먹고 돌아와도 배가 여전히 부를 것이나 백 리 길을 가는 사람은 전날 밤에 양식을 절구에 찧어 준비해야 하고, 천 리 길을 가는 사람은 석 달 동안 양식을 모아 준비해야 한다.

가까운 교외에 갔다 올 계획이라면 금방 돌아올 테니 양식을 걱정할 필요가 없습니다. 하지만 먼 길을 가기 위해서는 준비를 해야 합니다. 석 달 동안 모아 준비하는 것은 단지 양식만이 아닙니다. 그 길을 가기 위한 의지와 체력, 그리고 마음도 준비해야 합니다. 지금 우리에게는 마음의 준비가 필요합니다.

그건 당장 커다란 무엇인가를 이루겠다는 마음이 아닙니다. 오랫동안 아파 잘 먹지 못한 환자에게 커다란 고기 덩어리를 먹게 할 수는 없습니다. 소화 능력을 회복하는 것이 우선입니다. 산삼을 먹고 설사를 한다면 아무 의미가 없습니다.

큰 것을 이루겠다고 마음먹기 전에 그런 마음에서 이탈하여 쓰러지지 않도록 마음의 버팀목을 준비해야 합니다. 무슨 일을 하든 외로움과 쓸쓸함, 또는 주저앉고 싶은 절망이나 회의는 피할 수 없습니다. 그때 우리는 무엇에 의지해야 할까요? 우리 주위에는 가족이나 연인, 친구 등 의지가 되는 존재가 있습니다. 하지만 그들에게도 말하지 못할 고민이 있을 수 있습니다. 같이 있어도 채워지거나 덜어지지 않는 무언가가 있는 것이지요.

예전에는 '훈訓'이라 이름 붙은 것이 많았습니다. 집에는 가훈, 반에는 급훈, 학교에는 교훈이 있었지요. 가훈이라고 하면 그 집안의 좌우명

같은 것입니다. 다른 것은 몰라도 이것만은 지키려고 노력하는 집이라는 것을 가훈은 보여주었습니다. 지금 우리에게 버팀목이 되어줄 것은 그런 '훈'일지 모르겠습니다. 그러나 이전의 가훈이나 급훈과는 조금 다를 것입니다. '정직', '자립', '착하게 살자.'처럼 방향을 설정해주는 것이 아니라 마음을 기대고 위로받으며 이를 통해서 나아갈 힘을 가지게 할 필요가 있기 때문입니다. 이것은 스스로의 버팀목입니다. 그러나 일단은 그것이 무엇인지 찾아야 합니다. 그것은 항상 나의 곁에 있었던 것일 수도 있고, 눈여겨 보지 않았던 것일 수도 있습니다.

어떤 것이어도 상관없습니다. 영화나 만화, 무협지, 아니면 누구의 말일 수도 있지요. 중요한 것은 그것을 통한 나의 느낌입니다. 내가 지쳐 쓰러질 상황에서라면 무엇이 떠오를지 한번 생각해보세요. 떠오르는 것이 있다면 그것이 현재 나에게 유효한지 생각해보세요. 그렇지 않다면 다시 찾아야 합니다. 그리고 주위의 소리에 귀를 기울이세요. 단지 들리는 소리만을 의미하는 것은 아닙니다. 하나의 장면일 수 있고 하나의 구절일 수도 있습니다.

뉴욕 양키스의 전설적인 포수였던 요기 베라는 "끝날 때까지 끝난 게 아니다."라고 말한 것으로 유명합니다. 9회 말 투아웃에서도 극적인 역전이 일어날 수 있으니까요. 이런 말이 나를 지탱해줄 수도 있습니다.

다윗은 가장 찬란할 때나 가장 비참할 때나 그 모든 것을 이겨낼 구절을 반지에 새기라고 명령했습니다. 그 말에 전전긍긍하는 반지 세공사에게 솔로몬은 이런 구절을 건넸습니다. '이 또한 지나가리라.' 찬란한 시간도 지나갈 것이요, 비참한 순간도 지나갈 것입니다. 중요한 것은 그 어떤 상황에서도 흔들리지 않는 나입니다.

어떤 사람에게는 '메멘토 모리Memento Mori'라는 말이 힘이 될 수 있습니다. 이 말의 뜻은 '죽음을 기억하라.'입니다. 너 자신도 반드시 죽는다는 사실을 기억해야 한다는 라틴어입니다. 옛날 로마의 최고 권력자는 황제였습니다. 하지만 전승을 기념하는 행진에서는 황제보다 더 빛나는 사람이 있게 마련입니다. 바로 전쟁을 승리로 이끈 장군입니다. 영화「쿼바디스Quo Vadis」에는 승리한 장군 비니키우스가 황금빛 투구를 쓰고 휘황찬란한 마차를 몰며 개선의 시가행진을 하는 장면이 나옵니다. 그때 월계관을 손에 든 노예가 장군의 뒤에 바짝 붙어 "메멘토 모리."를 외칩니다. 지금은 개선장군이지만 언제라도 죽을 수 있음을 기억하고 삶에 겸손하라는 것이지요.

일본의 미야자키 하야오는 제1차 세계대전 후인 1920년대 말 지중해를 누비는 파일럿들의 이야기인「붉은 돼지」를 만들었습니다. 주인공은 전쟁의 기억을 지우기 위해 스스로 돼지가 된 파일럿 포르코입니다. 포르코는 이탈리아 공군의 에이스였지만 군에서 나와 해적을 잡으며 그 현상금으로 살아갑니다. 다시 군으로 돌아오라는 권유를 받게 되자 포르코는 이렇게 말합니다. "파시스트보다는 돼지가 나아." 또 비행을 만류하는 친구에게는 "날지 않는 돼지는 평범한 돼지일 뿐이야." 하고 말합니다.

여기에는 이상한 평형이 형성되어 있습니다. '파시스트보다는 돼지가 낫다. 그런데 그냥 돼지가 아니라 하늘을 나는 돼지다.' 파시스트는 민족주의와 애국심을 교묘히 이용합니다. 대중을 선동하여 독재를 하는 것입니다. 그런 파시스트보다는 돼지가 낫다고 포르코는 이야기합니다. 하지만 돼지는 사육되는 가축입니다. 인간에게 고기를 주는 역할에 머무르는 동물이 돼지입니다. 포르코는 그냥 돼지가 아니라 날아다니는 돼지, 자신의 일을 찾는 돼지가 되고 싶었던 것입니다.

그런데 「붉은 돼지」와 늘 함께 떠오르는 영화가 있습니다. 1957년에 개봉한 페데리코 펠리니 감독의 「라스트라다La Strada」입니다. '라스트라다'는 '길'이라는 뜻입니다. 주인공은 앤서니 퀸이 연기한 잠파노와 줄리에타 마시나가 연기한 젤소미나입니다. 젤소미나는 어딘지 모자라 보이지만 천사 같은 마음을 가졌습니다. 잠파노에게 팔려 가 차력 공연의 조수가 되는데, 잠파노의 살인을 목격한 후 정신이 이상해지고 말지요. 젤소미나가 더 이상 도움이 되지 않자 잠파노는 몰래 도망을 칩니다. 그리고 얼마 후 젤소미나가 병들어 죽었다는 사실에 어두운 해변에서 몸부림치며 눈물을 흘립니다.

눈물 흘리며 몸부림치는 잠파노와 하늘을 나는 돼지 포르코가 제 마음속에서 오버랩됩니다. 두 가지 면이 동시에 존재함을 일깨워주기 때문입니다. 그리하여 절망 속에서는 그것이 잠파노처럼 스스로 만든 것임을 알고, 불의에 대해서는 차라리 돼지가 될 수 있는가 반문하고, 안일에 빠졌을 때는 하늘을 나는 것을 잊어버렸음을 탓하게 됩니다.

꼭 고전의 거룩한 구절이 아니어도 괜찮습니다. 나를 잡아주고, 나를 일깨우며, 또 나를 질책하고, 때로는 위로를 해주는 그 어떤 버팀목이 있으면 괜찮습니다. 먼저 우리는 내 마음의 버팀목을 만들어야 합니다. 우리의 삶은 천 리 길보다 훨씬 더 멀고 험할 테니까요.

내가 누구인지를 알며

나와 남을 다르게 대하지 않는 '혈구지도'로 스스로를 재어보아야 한다.

버팀목을 만든다는 것은 내가 어디로 기울어져 있는지를 아는 것입니다. 나의 가장 강한 부분에는 버팀목을 세울 필요가 없을 테니까요. 그러나 우리는 그것을 쉽게 알아채지 못합니다.

내가 강하다고 생각한 부분이 때로는 가장 약할 수 있습니다. 내가 약한 줄 알고 있었던 부분이 남과 다른 강점일 수도 있습니다. 또 자신의 약한 부분에 대해서는 일부러 생각하지 않으려 합니다. 부끄럽다고만 여기기 때문입니다. 하지만 그것을 알아야 합니다. 실제로 우리 대부분은 알고 있습니다. 내 문제가 무엇인지 말이죠. 단지 그것을 인정하기 싫을 뿐입니다.

이때 꺼내 들어야 할 것이 있습니다. 바로 기록입니다. 앞에서 생각인 철학, 표현인 문학, 그리고 기록인 역사를 이야기했습니다. 기록에서 중요한 것은 객관성과 시각입니다. 어떤 상황을 파악하기 위해서는 그 맥락을 가감 없이 들여다보아야 합니다. 사실 관계를 파악하지 않으면 믿고 싶은 것을 진실이라고 생각하게 됩니다. 사실을 진실이라고 여기는 게 아니라 믿고 싶은 걸 진실이라고 여기는 것이지요.

이런 생각을 바로잡기 위해서는 치우치지 않는 마음을 가져야 합니다. 그것을 해석하는 것은 다음 문제입니다. 자신이 서 있는 자리에 따라 다른 시각으로 해설해야 하기 때문입니다. 그보다 선행되어야 할 것은 엄정하게 사실을 보는 태도입니다.

이를 위해서 도구 하나를 더 꺼내보고자 합니다. 바로 '혈구絜矩'입니다. 혈구는 쇠로 된 직각자입니다. 『논어』, 『대학大學』, 『중용』, 『맹자』를 사서四書라고 합니다. 이 사서의 한 편인 『대학』에는 "위에서 싫어하는 것을 아래에 베풀지 말고 아래에서 싫어하는 것으로 위를 섬기지 말며, 앞에서 싫어하는 것을 뒤에 먼저 하지 말고 뒤에서 싫어하는 것을 앞에서 따르게 하지 말며, 오른편에서 싫어하는 것을 왼편에 건네지 말고, 왼편에서 싫어하는 것을 오른편에 건네지 않으니 이를 혈구지도絜矩之道라 한다."는 구절이 있습니다.

직각자인 혈구는 90도를 맞추어줍니다. 선을 긋거나 길이를 재는 데 쓸 수도 있습니다. 하지만 직각자의 가장 큰 역할은 90도에 있습니다. 이 90도는 어디서도 변하지 않습니다. 그처럼 나와 남을 다르게 대하지 않는 것이 혈구지도입니다. 이 혈구지도를 가지고 스스로를 재어보아야 합니다. 그래야 객관적인 나의 모습을 알 수 있게 됩니다.

이때는 옷을 입지 말아야 합니다. 화장도 하지 말아야 합니다. 발가 벗은 본연의 나를 그대로 바라보아야 합니다. 그리고 내 몸의 각도, 내 몸의 수치를 재어야 합니다. 그다음 내 주위를 다시 가늠해봅니다. 나는 혼자로 실지만 또한 관계를 떠널 수 없기 때문입니다.

그럼 나를 알 수 있게 됩니다. 관계 속에서의 나도 알 수 있게 됩니다. 다시 나와 주위를 알게 됩니다. 그리고 그것을 써봅니다. 처음에는 낙서하듯 밑그림을 그립니다. 선을 조금씩 진하게 그리며 수정을 합니다. 나에 대한 단어와 문장을 기록합니다. 그렇게 나와 주위의 관계를 그려봅니다. 가감 없이 말입니다.

완성된 나의 기록을 들여다보세요. 무엇인가 보일 것입니다. 저는 그것이 무엇인지 모릅니다. 하지만 본인 스스로는 알 수 있을 것입니다.

무엇이 필요한 것인가를 생각한 다음

나에 대한 생각은 존재에 대한 물음처럼 심연 깊숙이 내려갈 수도 있고 피부를 만지는 것처럼 말랑말랑하다

익숙한 일상이 낯설어지는 순간, 이전에 보지 못했던 것들을 건저 올릴 수 있게 된다.

까끌까끌해질 수도 있습니다. 하지만 반드시 느껴야 할 것은 나라는 존재입니다. 그렇다고 너무 깊이 들어가 존재의 근원에 대한 질문까지 거스를 필요는 없습니다. 우리는 지금 생의 철학을 하는 것이 아니라 생존에 대한 생각을 하는 것이니까요.

나를 바라보니 필요한 것이 보일 것입니다. 하나둘이 아닐 수 있습니다. 그중 하나를 고릅니다. 목이 마르면 물을 찾고 추우면 담요를 펴고 불을 피우는 것처럼 내게 지금 필요한 그것을 찾는 것입니다. 어쩌면 그것이 생각, 그 자체일 수도 있습니다.

이 시대에서 살아남기 위한 가장 좋은 방법은 다르게 생각하는 것입니다. 그리고 생각이라는 것은 우리가 가진 최소한의 자원을 이용할 수 있는 방법이기도 합니다. 이제 생각을 지어봅니다. 생각 짓는 연습을 통해 전에 하지 못한 생각을 해보는 것입니다. 물론 세상에는 그럴 필요가

없는 천재들이 있습니다. 그러나 실망할 필요 없습니다. 공자도 이런 말을 했습니다. "세상에는 나면서부터 아는 사람이 있고 배워서 아는 사람이 있으며 고생 고생해서 아는 사람이 있다. 하지만 그것을 안다고 하는 데서는 같다."

나면서부터 아는 것을 '생이지지牛而知之', 배워서 아는 것은 '학이지지學而之知', 고생 고생해서 아는 것을 '곤이지지困而知之'라 합니다. 세계의 4대 성인 중 하나라 일컬어지는 공자 역시 스스로가 자신을 생이지지한 사람이 아니라고 말했습니다. 배워서 아는 것도 쉬운 일이 아닙니다. 학교에서 배운 것을 다 알면 시험 때문에 고생할 필요가 없습니다. 대부분의 사람은 곤이지지한 것이지요. 다만 고생을 해서라도 알려고 하지 않기 때문에 문제가 됨을 공자는 꼬집습니다.

하지만 우리가 지금 당장 원하는 것은 공자의 사상처럼 높고 넓은 경지가 아닙니다. 시작은 지금과 다른 생각입니다. 지금과 다른 생각으로 다르게 볼 수 있을 때, 우리가 보지 못했던 것들이 열릴 테니까요. 다르게 본다는 것은 새로운 인식의 틀을 가지게 되었음을 의미합니다. 익숙한 일상이 낯선 비일상이 되면 그곳에서 전에 보지 못했던 것들을 건져 올릴 수 있게 됩니다.

1920년대 러시아에서는 독자적인 문학 연구 방법이 나타납니다. 슈클로프스키Shklovsky, 예이헨바움Eikhenbaum, 티냐노프Tynyanov, 그리고 야콥슨Jakobson 등이 중심이 된 러시아 형식주의가 그것입니다. 이들은 문학의 독자성을 강조했습니다. 당시에는 역사학이나 사회학, 심리학 등의 이론을 통해 문학을 해석하고자 하는 경향이 강했습니다. 하지만 이들은 문학이 철학이나 역사, 심리학과 같은 영역과 구별되는 독자성과 자립성을 가지고 있다고 믿었습니다. 그리고 그 구별점을 문학성으로 상정했지요. 여기서 중심이 되는 개념이 '낯설게 하기(defamiliarization)' 입니다.

낯설게 하기란 일상에 대한 낯섦을 중심으로 합니다. 일상에서 우리는 사물을 습관적으로 파악하고 정의합니다. 이런 습관은 일상의 언어가 됩니다. 예를 들어 깃발이라고 하면 깃대에 달린 천이나 종이 부분을 말합니다. 비유적으로는 사상이나 목적에 대한 주장을 일컫습니다. 하지만 시인 유치환은 깃발을 "소리 없는 아우성 / 저 푸른 해원을 향하여 흔드는 / 영원한 노스탤지어의 손수건"으로 묘사합니다. 습관적인 관념의 깃발이 아니라 낯선 깃발의 모습을 제시한 것이지요.

우리의 일상적 습관에서 벗어나 낯설게 할 때, 그것은 예술이 됩니다. 우리는 모두 걸음을 걷습니다. 다리를 움직이고 팔을 휘두릅니다. 걸음은 춤이 아닙니다. 여기에 박자를 넣고 팔과 다리의 움직임을 달리하면 어떨까요? 춤이 될 것입니다. 우리가 말하는 언어도 다른 의미를 부여하여 새롭게 인식하고 표현하면 문학이 됩니다. 이처럼 우리의 생각도 일상의 습관이 되어 있는 경우가 많습니다. 이를 전복할 때 우리는 새로운 것을 발견할 수 있게 됩니다.

'http://nycgarbage.com'이란 사이트가 있습니다. 잘나가는 쇼핑몰이지요. 그런데 여기서 파는 상품을 보면 아연실색하게 됩니다. 어떤 상품을 파느냐고요? 사이트 이름에 힌트가 있습니다. 'nyc'는 'New York City'입니다. 다음 단어는 'garbage'입니다. 우리말로 하면 뉴욕 시의 쓰레기입니다. 맞습니다. 이 사이트에서는 뉴욕 시의 쓰레기를 아크릴 상자에 넣어 팝니다. 아크릴 상자에는 "100퍼센트 진짜, 손으로 직접 주웠음"이라는 문구가 쓰여 있습니다.

미국의 아티스트 저스틴 지낙Justine Gignac은 뉴욕의 길거리에서 주운 종이컵, 전단지, 맥주 캔 등을 팝니다. 가격은 무려 50달러입니다. 그게 다가 아닙니다. 큰 행사장에서 주운 쓰레기는 한정판으로 100달러에 팔리고 있습니다. 그런데 물건이 없어서 못 팔 정도라고 합니다.

일상의 습관적 인식에 갇혀 있을 때 쓰레기가 갈 곳은 쓰레기통뿐입니다. 그러나 쓰레기가 포장지에 담기면 상품이 됩니다. 쓰레기에 다른 의미를 부여한 것입니다. 심지어 돌을 판 사람도 있습니다. 돌은 건축물 자재가 되니 팔릴 수도 있겠죠. 그런데 미국의 게리 달Gary Dahl이라는 사람은 돌을 건축자재가 아니라 반려동물로 팔았습니다. 종이 상자에 톱밥으로 둥지를 만든 후 거기에 돌을 넣고 '펫록Pet Rock'이라는 이름을 붙여 판 것입니다. 재미있는 것은 동봉된 혈통 정보와 훈련법에 관한 내용입니다.

돌에게 어떤 혈통이 있을까요? 중국에서 고가에 팔리는 짱아오(藏獒)에게나 있을 법한 혈통 보증서를 넣었을까요? 펫록의 혈통은 상상력입니다. 펫록은 이집트 피라미드, 중국 만리장성의 혈통을 이어받았습니다. 훈련법은 간단합니다. 처음 상자를 열면 놀라 움직이지 않을 수 있습니다. 그것은 자연스러운 현상입니다. 특히 "가만있어!"라는 명령에는 아주 잘 따릅니다. 또 쉽게 시킬 수 있는 훈련은 구르기입니다. 단, 경사진 곳에서 해야 합니다.

유쾌한 상상력으로 돌은 반려동물이 되었습니다. 쓰레기에 대한 낯선 접근은 쓰레기를 상품으로 만들었습니다. 생각은 다른 것을 보게 하는 힘입니다. 동일한 사물을 다르게 묘사하는 힘입니다.

요즘은 '심플simple'이 대세인 듯합니다. 심플한 디자인을 많이 선호하죠. 그런데 심플은 단순한 것만을 의미할까요? 그래서 단순하게만 만들면 심플한 것이 될까요? 그런 상품은 단번에 시장에서 사라지고 말 것입니다.

심플은 '사용자 경험'과 접목될 때 힘을 발휘합니다. 사용자 경험이란 한 사람이 어떤 제품이나 시스템, 서비스 등을 사용하면서 느끼는 경험을 말합니다. 어떤 물건을 쓰는 데 있어 사용하기 너무 어렵다면 쓰려고 하지 않을 것입니다. 서비스가 불만족스럽다면 그곳에 다시 가려고 하지 않겠지요.

디자이너 도널드 노먼Donald Norman은 『심플은 정답은 아니다』에서 이런 예를 듭니다. 조미료를 담는 통이 있습니다. 통은 모두 동일한 모양입니다. 한 통에는 소금을 담고, 한 통에는 설탕을 담았습니다. 간을 맞추려고 소금을 찾습니다. 그런데 두 통 모두에 하얀 가루가 들어 있습니다. 눈으로는 구별하기가 쉽지 않습니다. 손가락에 조금 뿌려 맛을 봅니다. 그때서야 소금인지 설탕인지를 알게 됩니다. 통은 심플하지만 사용하는 사람에게는 복잡합니다. 하지만 통에 소금인지 설탕인지를 써놓으면 어떨까요? 번거롭게 맛을 볼 필요가 없습니다. 복잡한 것을 간단하게 만들어주는 것, 그것이 심플이라고 노먼은 이야기합니다.

심플을 그 뜻으로만 이해하면 심플한 디자인을 할 수 없습니다. 심플해서 편리해야 한다는 또 다른 생각이 첨가되어야 합니다. 우리에게 필요한 것은 그런 생각을 할 수 있는 힘입니다. 그렇다고 너무 급할 필요는 없습니다. 생각은 또 다른 상품으로의 쓰레기, 또 다른 반려동물로서의 돌을 만들어줄 것이기 때문입니다.

생각은 관계에도 영향을 미칩니다. 친구와의 관계, 주변 사람과의 관계를 다시 생각하게 할 수도 있습니다. 더 이상 만나지 말아야 할 사람과 함께 지내야 할 사람도 분별하게 해줄 것입니다. 어떤 일을 함에 있어 더 많은 변수를 고려하게 해줄 것이고 더 정확한 예측을 할 수 있도록 할 것입니다.

생각의 기초 체력을 키워주는 것이 고전입니다. 모든 운동의 기본인 육상이 다른 운동을 할 수 있는 체력을 키워주는 것처럼 고전은 생각을 가능하게 해줍니다.

생각과 생각 사이에 다리를 놓아라

생각은 어떤 결론에 도달합니다. 불가능하다는 결론이든 할 수 있나는 가능성이든 가능성을 향해가는 방법이든 무언가의 결과를 얻어냅니다. 하지만 생각을 도중에 멈추면 아무것도 얻을 수 없습니다. 그래서 생각이 어렵습니다.

> 사과에서 만유인력을 도출해내는 힘, 그것이 우리가 가져야 하고 키워야 할 생각이다.

대상을 설정하고 무언가를 도출해내는 것이 생각입니다. 반대로 목표를 설정하고 그 논리적 구성 단계를 맞추는 것도 생각입니다. 무언가 반드시 해야 할 일이 있다면 그것을 할 수 있도록 만드는 것도 생각입니다.

조금 다른 생각을 해보겠습니다. 아이돌 스타를 만나는 방법은 무엇일까요? 무대 위에서 반짝이는 아이돌 스타와 나는 아무런 관계가 없을까요? 그보다 더 먼 관계도 상정해볼 수 있겠네요. 알래스카에 사는 폴이나 미국의 대통령은 어떨까요? 나와는 전혀 관계없는 사람처럼 여겨질 것입니다. 나와 알지 못하는 만날 수 없는 사람이라고요.

1976년 하버드대 교수 스탠리 밀그램Stanley Milgram은 '6단계 분리 이론'을 발표합니다. 그에 따르면 지구상의 모든 사람은 여섯 단계만 거치면 누구와도 연결됩니다. 아이돌 스타도 미국 대통령도 알래스카의 폴도 여섯 사람만 거치면 알게 되는 것이지요.

방법은 생각보다 간단합니다. 만나고자 하는 사람을 가장 잘 알 법한 사람을 주위에서 찾아나갑니다. 아이돌 스타를 만나고 싶다면 방송이나 연예에 관계된 사람을 찾습니다. 그리고 그 사람은 다시 아이돌 스타와 연결될 법한 사람을 수소문합니다. 이런 식으로 여섯 단계가 지나면 마술처럼 그 사람과 연결됩니다.

생각도 이와 비슷합니다. 하나의 출발점에서 시작하여 전혀 생각지 못한 다른 생각을 만날 수 있습니다. 이건 수수께끼와 비슷할 수도 있겠네요. 표를 하나 보여드리겠습니다. 표의 중간은 비어 있습니다. 처음에 들어 있는 말은 시작이고 마지막에 들어 있는 말은 결론입니다. 이 중간에는 무엇이 들어가야 할까요?

물(水) → ? → ? → ? → ? → 성무선악설

춘추시대의 학자 고자告子는 물을 예로 들면서 인간의 본성에는 선함도 악함도 없다는 '성무선악설性無善惡說'을 주장합니다. 이 주장은 『맹자』에 등장합니다. 사람들은 흔히 맹자와 인간의 본성에 대해 논쟁을 벌인 학자를 성악설을 주장한 순자荀子라고 알고 있습니다. 사실은 성무선악설을 주장한 고자입니다. 고자는 어떻게 물에서 시작하여 성무선악설을 주장한 것일까요? 고자의 이야기를 직접 들어보는 것이 좋겠습니다.

사람의 본성은 소용돌이치는 물과 같다. 물길을 동쪽으로 트면 동쪽으로 흐르고, 서쪽으로 트면 서쪽으로 흐른다. 사람의 본성에 선善과 불선不善의 구분이 없음은 마치 물에 동서의 구분이 없는 것과 같다.

고자는 물을 가지고 자신의 주장을 논증합니다. 물이 어떤 방향으로 흐르는 것이 아니라 사람이 틔워주는 방향에 따라 움직인다는 것이 중요한 논거입니다. 그러니 사람도 본래 정해진 본성이 있는 것이 아니라 환경에 영향을 받는다는 것이죠. 고자의 이야기를 토대로 앞의 빈칸을 채운다면 어떻게 될까요?

물 → 물길을 서쪽으로 터주었다 → 서쪽으로 흐른다 → 동쪽으로 터주었다 → 동쪽으로 흐른다 →
물은 방향이 없다 → 사람의 본성에도 방향이 없다 → 성무선악설

그럼 맹자는 어떻게 고자의 주장을 반박했을까요? 맹자 역시 물을 통해 사람의 본성은 본래 선하다는 '성선설性善說'을 주장합니다.

물(水) → ? → ? → ? → ? → 성선설

　물에는 정말 동서의 구분이 없지만 상하의 구분조차 없는가? 사람의 본성이 선한 것은 마치 물이 위에서 아래로 흐르는 것과 같으니 사람으로서 선하지 않은 자가 없고 물로서 아래로 내려가지 않는 것이 없다. 이제 물을 쳐서 막 튀어 오르게 하면 이마를 넘어가게 할 수 있을 것이요, 아래를 역류하게 하면 산에까지 미치겠지만 어찌 이것이 물의 본성이겠는가? 외부의 힘에 의해 그렇게 되는 것이다. 사람이 선하지 않은 일을 할 수 있지만 그것 역시 외부의 힘에 의해서 그렇게 되는 것이다.

　맹자는 물의 또 다른 성질로 성선설을 주장합니다. 물은 위에서 아래로 흐르는 성질을 가지고 있습니다. 물이 그 성질과 다르게 움직이는 것은 외부의 영향 때문입니다. 맹자는 물이 변하지 않는 성질을 가지고 있는 것처럼 사람도 선한 본성을 타고났지만 외부의 영향에 의해 선하지 않은 일을 하게 되는 것이라고 말합니다. 이를 정리하면 다음 같은 6단계가 됩니다.

물 → 물은 위에서 아래로 흐른다 → 물이 튀거나 방향이 바뀐다 → 이것은 외부의 영향 때문이다 →

본래 물의 성질은 변하지 않지만 외부의 영향을 받으면 그 성질과 다르게 움직인다 → 성선설고자와 맹자는 자신의 결론을 논증하기 위해 물의 성질을 예로 듭니다. 두 사람의 의견 중 무엇이 틀리고 무엇이 맞았다고 할 수는 없을 것입니다. 우리가 눈여겨봐야 할 것은 같은 물을 가지고도 전혀 다른 결론에 도달할 수 있다는 사실입니다. 또한 이러한 예를 통해 우리는 나의 결정, 나의 생각에 대한 누리를 구성할 수 있어야 하겠습니다.

내가 무엇을 주장하고 싶다면 그 이유를 말할 수 있어야 합니다. '그냥'이 아니라 '왜냐하면'을 생각하고 말하는 것이 생각의 힘이기 때문입니다. 맹자와 고자는 자신의 생각을 논증하는 방법으로 물을 동원했습니다. 하지만 이와 달리 하나의 사물이나 현상에서 결론으로 나아가는 방법도 있습니다.

수천 년 동안 사과는 끊임없이 떨어졌지요. 그런데 유일하게 뉴턴만 만유인력의 법칙을 발견했습니다. 그는 어떻게 사과에서 만유인력의 법칙을 찾아냈을까요?

『해양용어사전』에 따르면 만유인력은 우주의 모든 물체 간에 상호 작용하는 인력, 즉 서로 당기는 힘을 말합니다. 만유인력은 두 물체의 질량에 비례하고, 거리의 제곱에 반비례합니다. 뉴턴이 사과를 보고 생각했던 법칙을 아주 단순화하면 다음의 내용 정도가 될 것입니다.

뉴턴은 만유인력을 상정하고 사과를 바라본 것이 아닙니다. 사과가

떨어지는 현상에서 생각을 확장해낸 것입니다. 그리고 만유인력은 단지 사과를 본 현상에서만 얻어진 것이 아닙니다. 만유인력의 증거라고 여겨지는 많은 현상과 결합된 것입니다. 그리고 그것을 얻어낼 수 있었던 것은 끊임없이 생각을 했기 때문입니다. 이렇듯 생각을 하는 방법은 다양합니다.

한편, 물을 통해서 사람의 도를 이야기한 사람도 있습니다.『도덕경』에는 "상선약수上善若水"라는 말이 나옵니다. 최상의 선은 물과 같다는 뜻입니다. 노자는 최상의 선이 물과 같다는 상선약수의 명제를 말합니다. 그리고 그 이유를 댑니다. 그러나 그게 끝이 아닙니다. 노자는 물에서 얻어진 논리의 유사성을 확장하여 사람이 해야 할 바를 이야기합니다. 이를 도식적으로 표현하면 다음의 표가 될 것입니다.

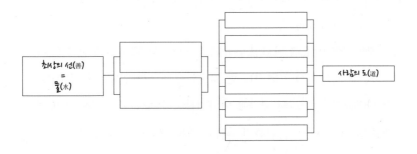

여기에도 빈자리가 많습니다. 빈자리를 채우기 위해서는 아무래도 『도덕경』을 들여다보아야 할 것 같습니다.

최상의 선은 물과 같다. 물은 선하여 만물을 이롭게 하면서 다투지 않고 사람이 싫어하는 곳에 처하니 도道에 가깝다. 사람이 좋은 땅에 거하고 어진 이와 함께하고 말에 신의가 있으며 정치를 잘하고 일에 능하며 움직임이 때에 맞으면 다투지 않고 허물이 없을 것이다.

『도덕경』의 내용을 근거로 빈자리를 채워볼까요?

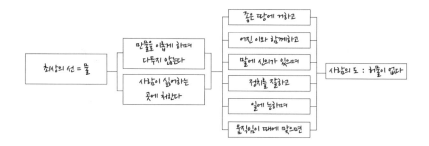

최상의 선이 물인데, 그 이유는 두 가지입니다. 그리고 물처럼 사람도 최상의 선을 구현하는 방법이 있습니다. 그것을 행하게 되면 허물이 없게 되는 것입니다.

생각을 하는 방법은 이보다 훨씬 더 많을 것입니다. 그리고 더 풍부한 상상력도 발휘할 수 있겠지요. 마찬가지로 하나의 생각도 하나로만 구성되지 않습니다. 성선설이나 성무선악설은 하나의 생각입니다. 하지만 그 생각을 구성하기 위해서는 다른 생각들이 동원되어야 합니다. 물을 예로 든 것처럼 말입니다. 또한 물을 통해 인간의 본성을 볼 수 있었던 것은 물을 단지 마시고 요리하고 씻는, 습관화된 물로 보지 않았기 때문입니다.

물에서 본성을 보고 본성을 물로써 설명하는 힘, 사과에서 만유인력을 도출해내는 단계, 그것이 우리가 가져야 할, 키워야 할 생각입니다. 그러나 생각이 생각에만 머문다면 아무것도 변하지 않습니다. 그것을 표현해야 합니다.

사실 문학을 표현이라고 했는데, 여기에는 또 다른 의미가 담겨 있습니다. 표현한다는 것은 발현입니다. 겉으로 드러난다는 것이지요. 예술적인 문장, 멋진 글귀가 아니더라도 우리는 표현할 수 있습니다. 몸을 움직여 행동하는 것, 그것 역시 표현입니다. 거기에 진심이 담기면 어떤 문학보다 훌륭한 표현이 됩니다. 의지가 담긴다면 무엇보다 강인한 표현이 될 것입니다.

결론적으로 생각을 짓기 위해서는 마음의 버팀목을 세우고 내가 누구인지를 알며 무엇이 필요한 것인가를 생각한 다음 생각과 생각 사이에 다리를 놓아야 합니다. 그리고 그것은 표현으로 완성됩니다. 표현된 내 생각은 완성된 의자가 나무나 목재와는 다른 새로운 역사를 사는 것처럼 또 다른 생각과 만나 역사를 쓰게 될 것입니다.

10장

현실의 삶과
고전의 세상

현실과 고전 사이

생각, 표현, 기록, 그것이 고전
입니다. 우리가 이 현실을 버티기 위한
생존 수단 역시 생각, 표현, 기록입니

지금의 삶과 연결되지 않은
고전이란 그저 먼지 쌓인
지식이다.

다. 이렇게 고전과 나는 연결됩니다. 그리고 고전의 세상과 현실의 생존
은 또 나시 연결됩니다. 연결의 다리를 놓지 않으면 고전은 그저 낡은
책장 속의 먼지 쌓인 지식으로 사라지고 말 것입니다. 고전의 세상과 우
리의 현실이 다를까요? 그렇지 않습니다. 어느 시기, 어느 장소에서도
인간은 치열하게 살아왔습니다. 삶을 살아야 했기 때문입니다. 이제 고
전과 현실에 다리를 놓아보도록 하겠습니다. 고전의 생각과 고전의 표

현과 고전의 기록이 어떻게 연결되는지를 따라가겠습니다.

이 이야기는 현실일 수도 있고 생존일 수도 있습니다. 아니면 그저 고전과 현실을 잇는 다리가 될 수도 있습니다. 어떻게 받아들이느냐에 따라 다릅니다. 내가 느껴 결정한 곳이 바로 시작입니다. 이 다리를 건너면 당신은 생각, 표현, 기록의 구체적인 생존 키워드와 만나게 될 것입니다. 다리는 지금 내 눈앞에 놓여 있습니다.

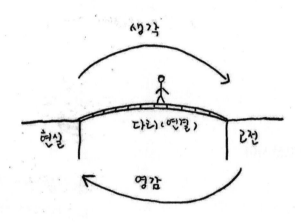

슬픈 유토피아

우리는 낙원을 꿈꿉니다. 그러나 영국의 시인 존 밀턴John Milton이 1667년 「실낙원」이라는 서사시를 썼듯이 인

어디에도 없는 땅, 유토피아.
우리는 오직 유토피아를 만들어갈
뿐이다.

간은 낙원을 잃었습니다. 그래도 우리는 그곳을 찾아 헤맵니다. 그곳은 여러 이름을 가지고 있습니다. 그중 하나가 유토피아Utopia입니다. 그러

나 유토피아는 어디에도 없습니다. 현실에도 없고 유토피아라는 말에도 없습니다. 그리스어 'ou'는 '없다'는 뜻이고 'topos'는 장소를 나타내는 말입니다. 여기서 만들어진 말이 유토피아입니다. 어디에도 없는 땅, 그곳이 유토피아입니다.

늙음과 죽음에서 벗어난 샹그릴라는 제임스 힐턴James Hilton의 소설 『잃어버린 지평선』에나 있을 뿐입니다. 우리가 사는 이곳은 낙원이 아닙니다. 하지만 우리는 이곳을 떠날 수 없고 이곳에서 살아야 합니다. 하지만 지금은 그것보다 급한 것이 있습니다. 먼저 살아남아야 합니다. 살아남음으로써 삶을 만들어나가야 하는 것입니다.

그렇습니다. 고전과 현실의 첫 번째 다리는 토머스 모어Thomas More의 『유토피아』입니다. 모어는 왜 어디에도 없는 그곳의 이야기를 하고 싶었던 것일까요? 그것은 참혹한 현실 때문입니다. 모어가 살았고 『유토피아』가 나온 1516년 영국에서는 양이 사람을 잡아먹고 있었습니다.

아주 조금밖에 먹지 않는 것이 보통인 이 유순한 짐승이 이제는 사나운 식욕을 갖게 돼 사람까지 먹어치우게 된 것 같습니다. 들과 집과 도시, 모든 것을 삼켜버립니다.

양은 왜 사람을 잡아먹게 되었을까요? 양모羊毛, 즉 양의 털 때문입니다. 영국에서는 영주와 대지주가 땅을 넓히는 데 혈안이 되어 있었습니다. 개방지, 황무지, 공동 방목지를 가리지 않고 그들은 울타리를 치고 그 안에 살던 사람들을 내쫓았습니다. 이것이 중세 말부터 시작된 인클

로저 운동입니다. 사람들을 쫓아낸 땅에는 양을 키웠죠. 한 명의 탐욕스러운 인간이 고향을 먹어치우고 수천 에이커의 땅에 울타리를 치자 수만 명의 농민들은 삶의 터전을 잃고 축출당해야 했습니다. 저항도 해보았지만 협박과 학대를 이기지 못했습니다. 헐값에 땅을 넘긴 농민들은 떠돌이가 되었습니다.

농민은 양보다 못한 존재, 귀족의 소모품이었습니다. 하지만 다수의 귀족들은 아무 일도 하지 않았습니다. 가만히 앉아서 배를 불렸지요. 그것이 모어가 『유토피아』를 쓴 이유입니다.

유토피아는 세계에서 가장 좋은 국가일 뿐만 아니라, 공화국이라고 부를 수 있는 유일한 국가이기도 합니다. 다른 곳에서 사람들은 입만 열면 공공의 이익을 말하지만 실제로는 개인 재산만 돌보고 있습니다. 유토피아에서는 사유 재산이 없기 때문에 사람들은 사회에 대한 의무에 열성을 기울입니다.

유토피아는 놀고먹는 곳이 아닙니다. 농업을 근간으로 6시간의 노동을 하는 곳입니다. 왜 6시간일까요? 노는 사람이 없으면 6시간만으로도 사회가 충분히 유지된다고 보았기 때문입니다. 대신 사회보장이 잘 되어 있는 곳이지요. 모어가 이런 사회를 유토피아라 한 것은 당시 사회의 모순을 타파하려 했기 때문일 것입니다. 모어의 『유토피아』는 현실을 타개하기 위한 치열한 노력이자 적극적인 행동의 발로였던 것입니다.

어디에도 없는 그곳은 찾거나 기다리는 곳이 아닙니다. 찾아도 찾을 수 없는 곳이고 아무리 기다려도 오지 않는 곳입니다. 누군가 데려다주지도 않습니다. 그곳은 바로 자신이 만들어나가는 곳입니다. 모어는 『유토피아』를 통해 그곳을 만들었습니다.

우리는 어떻게 그곳을 만들 수 있을까요? 모어의 유토피아가 아닌 나의 유토피아를 어떻게 만들 수 있을까요? 어쩌면 만들 수 없을지도 모릅니다. 그렇다고 시도조차 하지 않아야 할까요? 우리는 그런 곳을 그려야만 합니다. 그래야 똑같지는 않아도 비슷한 곳을 만들어나갈 수 있습니다.

아무것도 하지 않으면 잡아먹힙니다. 이 시대가 양이 사람을 잡아먹던 때와 다르다고 생각하나요? 제게는 크게 달라 보이지 않습니다. 헐값에 땅을 빼앗기듯 우리가 가진 것들이 너무 쉽게 생각되고 있으니까요.

지금 모어는 우리에게 너희들은 무엇을 할 것이냐고 묻고 있는지도 모릅니다. 모어가 살았던 세상은 곧 자본이 모든 것을 먹어치우는 우리의 세상이니까요. 그렇군요. 자본이군요. 두 번째 다리는 자본입니다.

모순의 자본

우리 시대의 또 다른 이름은 자본주의입니다. 우리는 자신이 가진 노동을 팝니다. 그렇게 판매한 우리의 노동은 다시 자본을 만들고 사회를 움직

상황이 달라져도 변치 않는 것이 있다면, 우리는 아직도 자본으로부터 소외되어 있다는 것이다.

입니다. 그런데 문제는 우리가 이 사회에서 소외되어 있다는 점입니다.

자본은 머리에서 발끝까지 모든 털구멍에서 피와 오물을 흘리면서 이 세

상에 나온다고 말해야 할 것이다.

마르크스의 『자본론』에 등장하는 말입니다. 우리가 그토록 열망하는

자본을 마르크스는 왜 이렇게 묘사했을까요? 숙명적인 자본의 모순 때

문입니다. 우리는 우리의 노력으로 무언가를 이룰 수 있어야 합니다. 그

러나 그건 어려운 일입니다. 한국 대기업의 창시자들은 쌀장사를 하고

사무실에서 라면을 먹어가며 커다란 기업을 일구었다고 말합니다. 그렇

게 자본을 축적했다고 말이죠. 그러나 지금도 수많은 사람이 장사를 하

고, 회사에서 컵라면과 삼각김밥으로 끼니를 때우며 일하고 있습니다.

그런 말은 우리에게 아무런 위안도 희망도 되지 못합니다.

마르크스가 『자본론』을 쓴 것은 비참한 노동자의 현실을 목도했기 때

문이고 비참할 수밖에 없는 자본의 구조적 문제를 밝히려 했기 때문입

니다. 마르크스가 『자본론』을 쓸 때와 지금은 또 상황이 많이 달라졌습

니다. 하지만 변하지 않은 것이 있습니다. 우리는 아직도 소외되어 있다

는 점입니다.

경기 침체, 공황, 이런 것들은 왜 올까요? 마르크스에 의하면 자본주

의의 모순 때문입니다. 19세기에는 정부가 자본주의를 간섭하지 않는

자유경쟁 자본주의였습니다. 생산력이 커지면 더 많은 물건이 나옵니

다. 그런데 이 물건들을 소비하는 데는 한계가 따릅니다. 어느 상태가

되면 상품의 소비는 포화 상태에 이릅니다. 소비가 생산을 따라가지 못

하게 되는 거죠. 공황이 점점 기업의 목줄을 죄어옵니다. 그리고 더 이

상 버틸 수 없는 지경에 이르렀을 때, 공황은 사회를 일거에 쓸어버립니다. 기업은 도산하고 길거리에는 실업자가 넘쳐나게 됩니다.

자본주의의 모순이 가장 극적으로 표출된 사건이 1929년의 미국 대공황입니다. 미국의 대공황은 전 세계를 휩쓸었죠. 황금 알을 낳을 줄 알았던 주식은 휴지가 되었고 은행은 파산했습니다. 불완전 취업 노동자를 빼도 미국에만 1,700만 명의 실업자가 생겼습니다. 독일에서는 800만 명, 영국에서는 400만 명의 실업 사태가 벌어졌습니다. 그리고 식민지가 상대적으로 적었던 독일, 이탈리아 등의 후발 제국주의 국가에는 파시즘이 출현하게 됩니다. 그 결과가 5,000여 만 명이 죽고 63개 국이 초토화된 제2차 세계대전입니다.

부르주아지는 어떤 방법으로 이 공황을 극복하는가? 한편으로는 거대한 생산력을 어쩔 수 없이 파괴하고 다른 한편으로는 새로운 시장을 확대하면서 기존의 시장을 보다 더 철저하게 착취하는 방법으로 극복한다. 그러면 결국 어떻게 되는가? 보다 광범위하고 더욱 파괴적인 공황을 준비하게 되며 공황을 예방할 수단도 감소시키게 된다.

-『마르크스 · 엥겔스 저작선』

마르크스의 '공산당선언'은 이렇게 이야기합니다. 물론 지금과 마르크스의 시대의 다릅니다. 자유경쟁 자본주의 사회도 아니고, 자본주의의 문제점 해결을 위해 많은 경제 이론이 생기기도 했습니다. 하지만 달라지지 않은 것이 있습니다.

우리는 그때와 마찬가지로 자본을 축적하지 못한 채 노동을 팔고 있다는 사실입니다. 이 모순은 개인이 해결할 수 없습니다. 그리고 해결되지 않을 수도 있습니다. 설사 해결된다 해도 많은 시간이 필요할 것입니다. 현실이 그렇다는 것입니다. 『자본론』의 참혹함이 아직 유효한 부분이 있다는 말이죠.

그동안 우리는 무엇을 해야 할까요? 살아야 합니다. 바꾸려면 바꿀 사람이 있어야 합니다. 생각을 해야 합니다. 어떻게 살아야 할지 말입니다. 우리의 이야기는 그래서 또한 살 궁리입니다. 살 궁리를 하다 보면 모순을 만나게 될 것입니다. 그 모순은 어디서부터 시작되었을까요? 그것을 알려주는 것이 역사입니다. 세 번째 다리는 그래서 역사입니다.

역사는 지금도 계속된다

살려면 정신을 똑바로 차려야 합니다. 과거라는 시간으로부터, 사회라는 공간으로부터 삶의 근거를 마련해

> 삶의 이유와 목표 그리고 살고자 하는 의지가 있다면 우리의 길도 보일 것이다.

야 합니다. 시간의 근거란 왜 이렇게 되었는지에 대한 역사의 단층입니다. 일제 침략을 왜 우리는 잊지 못합니까? 왜 그렇게 되었는지를 알아야 똑같은 일을 반복하지 않을 수 있기 때문입니다.

지금 나의 모습은 무엇으로부터 온 것입니까? 과거의 내가 차곡차곡 쌓여 만들어진 것입니다. 미래의 나는 지금의 내가 쌓여 만들어질 것입

니다. 그래서 역사歷史입니다. 하지만 역사는 과거의 기록만이 아닙니다. 과거를 딛고 미래를 만들어나가는 것이 역사입니다. 단재 신채호는 『조선상고사朝鮮上古史』 총론에서 이렇게 말합니다.

역사란 무엇이뇨? 인류 사회의 아我와 비아非我의 투쟁이 시간부터 발전하며 공간부터 확대하는 심적 활동의 상태의 기록이니 세계사라 하면 세계 인류의 그리 되어온 상태의 기록이며, 조선사라면 조선 민족의 그리 되어온 상태의 기록이니라.

단재는 당시까지 하나의 전통처럼 되어버린 사대주의 역사관을 비판하면서 새로운 민족주의 사관을 정립하는 토대를 놓았습니다. 일제가 조선 침략의 정당성을 주장한 근거는 무엇입니까? 4세기 후반 야마토 정권이 백제, 신라, 가야를 지배했다는 임나일본부설任那日本府設입니다. 일본이 한반도를 지배했다는 조작된 역사를 통해 그들은 일제 침략을 정당화하려 했습니다. 유태인들은 어떻게 이스라엘을 세웠습니까? 그들의 땅이라는 『성경』 속 기록을 근거로 삼았습니다.

친일파의 후손들이 왜 그렇게 친일 행적 미화에 몸부림칩니까? 그것이 그들을 규정하는 멍에가 되기 때문입니다. 정당화하고 미화하여 숨기고 호도하는 조작을 통해 자신이 정당하다고 주장하고 싶기 때문입니다. 잘못을 인정하고 싶지 않기 때문입니다. 그럼 또 다른 잘못을 저지를 수도 있겠죠. 잘못이 미화되고 정의가 사라지면 제멋대로 할 수 있을 테니까요. 역사를 조작하면 현재의 행위를 정당화할 수 있습니다. 역사는 이토록 중요합니다.

우리에게도 역사가 있습니다. 커다란 포부를 안고 무엇이 되겠다고 생각한 적이 있을 것입니다. 그것이 역사입니다. 그런 마음을 먹었기에 다시 시작할 수 있는 것입니다. 그런 적이 없다고요? 그럼 지금부터 역사를 쓰면 됩니다. 그것이 이 책을 통해 우리가 해야 할 일이니까요.

장발장을 주인공으로 한 『레미제라블Les Misérables』에서 빅토르 위고 Victor Hugo는 무엇을 그리고 싶었을까요? 사회의 악에 대항하고 그 양심의 싹을 틔우는 사람의 모습이었을 것입니다. 위고는 서문에서 이렇게 밝히고 있습니다.

가난한 생활에 의한 남자의 실추, 배고픔에 의한 여자의 타락, 암흑에 의한 아이들의 쇠약이라는 현대의 세 가지 문제가 해결되지 않는 한… 지상에 무지와 비참함이 있는 한 이 책과 같은 글도 쓸모없지는 않을 것이다.

우리는 이 말을 이렇게 바꿀 수 있습니다. '살아야 하는 이유, 살아야 할 목표, 살고 싶은 의지가 있다면 우리가 생각하는 것이 쓸모 있게 될 것이다.'

이제부터 고전 속으로 들어가보겠습니다. 고전이라 불리는 그 생각이 무엇이고 그곳에서 우리가 찾아야 할 것이 무엇인지 살펴보겠습니다. 그럼 우리의 길도 보이겠지요.

이제 우리는 다리를 건넜습니다. 우리가 사는 현실과 고전의 세상이 그리 다르지 않음을 알게 되었습니다. 그렇다면 고전에서 생존의 핵심을 건져 올려야 합니다. 이제 그것을 말하려 합니다. 똑같은 눈으로 고전을 바라보는 것이 아니라 생존의 절박함으로 고전을 바라보려 합니다. 그것이 우리의 생존 키워드가 될 것입니다. 하지만 그것이 전부는 아닙니다. 그것은 하나의 예에 불과합니다. 여기에 나오지 않는 다른 생존의 방법을 건져 올리긴 바랍니다. 생각지도 못한 한 수가 고전과 인문학을 통해 나오기를 바랍니다. 그럼 떠나겠습니다.

2부

내가 가진 것으로
시작하기

참고 버텨라.
그 고통은 차츰차츰
너에게 좋은 것으로 변할 것이다.

_ 오비디우스 Publius Naso Ovidius

1장

버팀
그것부터 시작이다

— 사뮈엘 베케트, 『고도를 기다리며』

시시포스의 신화

그리스신화에 등장하는 인물 중 가장 교활한 자, 그를 시시포스라고 합니다. 알베르 카뮈가 인간의 부조리와 실존의 모티브로 삼은 인물, 그 역시 시시포스입니다. 이는 그가 받은 형벌 때문입니다.

> 버틴다는 것은 단지 무언가를 기다리는 것이 아니다. 그 무언가를 위해 능동적으로 준비한다는 뜻이다.

시시포스는 정말로 교활한 인물일까요? 아니, 그것은 신의 관점에서 그럴 뿐입니다. 그는 제우스의 잘못을 고했고 그 때문에 미움을 샀습니다. 제우스는 저승의 신인 타나토스를 보냅니다. 하지만 시시포스에게 저승의 신은 결박당한 존재가 되고 맙니다. 다음엔 전쟁의 신인 아레스를 보냅니다. 아레스에 대항했다가는 그의 왕국 코린토스가 쑥대밭이 되고 말겠죠. 시시포스는 순순히 끌려갑니다. 그리고 저승의 주신인 하데스에게 형벌을 받습니다.

시시포스는 집채만 한 바위를 산 위로 굴려 올립니다. 정상에 다다르면 바위는 다시 무서운 속도로 굴러 떨어집니다. 시시포스는 정상을 향해 다시 바위를 굴립니다. 하데스가 그렇게 명했기 때문입니다. "그 바위가 항상 꼭대기에 있게 하라."고 말입니다. 시시포스는 항상 그 일을 반복합니다. 굴러 떨어질 바위임을 알면서도 바위를 정상까지 올립니다.

시시포스가 무의미한 노역을 반복할 수밖에 없는 것은 신이 정한 운명의 굴레에서 벗어날 수 없기 때문일 것입니다. 어쩌면 시시포스가 우스워 보일지 모릅니다. 그런데 시시포스의 모습에서 오늘을 살고 있는 우리가 보입니다. 어떤 의미인지 모른 채 바위를 굴리듯 하루를 지나 보내는 나 자신이 거기에 있습니다.

시시포스에 대한 조소가 점점 비릿한 웃음으로 바뀌어갑니다. 소태나무의 껍질을 씹은 듯 점점 입이 써지고 얼굴이 화끈거립니다. 시시포스를 비웃었지만 나 자신은 시시포스보다 나을 것이 없습니다. 시시포스는 적어도 자신의 운명이 무엇인지 압니다. 그 무의미함의 의미를 알고 있습니다. 그래서 시시포스는 바위를 굴리며 미소를 지을 수 있습니다. 하지만 우리는 어떤가요? 왜인지 무엇 때문인지도 모른 채 그저 살아가고 있지는 않은가요?

그걸 생각하지 않으면 영문도 모른 채 그저 일상을 반복할 수밖에 없습니다. 그럼 내 삶과 나를 둘러싼 세상의 부조리를 발견할 수 없습니다. 세상을 비추는 밝은 태양은 빛만을 만들어내지 않습니다. 빛이 있으면 그림자도 있습니다. 바위는 정상에 오르지만 다시 나락으로 떨어집니다. 하지만 떨어진 나락에서 포기하지 않는 것이 인간입니다. 왜냐고요? 그건 시시포스의 바위처럼 삶이 우리에게 주어졌기 때문입니다. 그러나 사는 것만이 전부는 아닙니다. 왜 사는지, 왜 살아야 하는지, 왜 지금 이렇게 버티고 있는지를 알지 못하면 삶은 절망의 바위가 됩니다.

버틴다는 것은 단지 무언가를 기다리는 것이 아닙니다. 그 무언가를 위해 준비한다는 것입니다. 가파른 산을 한발 한발 오르는 것은 정상에 가기 위함입니다. 내 목적지가 그곳에 있기 때문에 가는 것이지요. 그래서 한발 한발의 무거움과 차오르는 숨을 버텨내는 것입니다.

그래서 버팀은 수동적인 행위가 아닙니다. 하지만 버팀이 수동적이 되면 삶은 무익한 노역으로 가득 차버리게 될 것입니다. 이건 생존팩과도 비슷합니다. 우리가 인문학으로 생존팩을 싸는 이유는 삶의 확장입니다. 생존팩은 삶을 살게 해주는 최소한의 도구일 뿐 삶 자체가 아닙니다.

나이프는 절로 무언가를 자르지 않을 것입니다. 어딘가를 비춰보지 않으면 손전등은 아무것도 보이게 하지 않을 것입니다. 살 수 있는 공간을 만들지 않으면 웅크리다 잠이 들고 말 것입니다. 결국 고도가 오지 않았던 것처럼 말입니다.

고도가 오지 않는다면

시골길, 한 그루의 나무.

저녁.

에스트라공이 땅바닥에 앉아 구두를

벗으려고 한다. 헉헉거리면서 두 손으

로 힘껏 잡아당긴다. 힘이 빠진 듯 멈추더니 가쁜 숨을 몰아쉬고 다시 시작

한다.

블라디미르가 나온다.

우리의 버팀은 단순한 기다림이 아니라 삶에 대한 긍정이며, 삶을 변화시키는 역동적 행위다.

이 장면으로 사뮈엘 베케트Samuel Beckett의 『고도를 기다리며』는 시작

됩니다. 이제 에스트라공과 블라디미르는 끊임없이 대화를 나눕니다.

대화의 내용에 맥락은 없습니다. 하지만 한 가지 분명한 것이 있습니다.

에스트라공 : 자, 갑시다.

블라디미르 : 안 된다고.

에스트라공 : 왜 그래?

블라디미르 : 고도를 기다리니까.

에스트라공 : 참 그렇군. (잠시 후) 확실히 여기였지?

그들은 고도를 기다리고 있습니다. 그런데 고도가 누구인지는 알 수

없습니다. 흰색 수염을 가진 고도는 아무런 일도 하지 않는다고 합니다.

116

그리고 언제 어디서 올지도 알 수 없습니다. 하지만 에스트라공과 블라디미르는 고도를 기다립니다.

그러던 중 목이 끈으로 묶인 럭키와 채찍으로 럭키를 부리는 포조가 등장합니다. 에스트라공과 블라디미르의 대화에 이제 럭키와 포조도 참가합니다. 포조와 럭키가 퇴장한 후, 이번에는 한 소년이 등장하여 고도는 오늘이 아니라 내일 온다는 말을 전합니다. 그렇게 그들은 고도를 기다립니다. 왜 그들은 고도를 기다릴까요? 그 이유는 에스트라공과 블라디미르의 대화에서 얻을 수 있습니다.

블라디미르 : 내일 목이나 매자. 고도가 안 오면 말이야.
에스트라공 : 만일 온다면?
블라디미르 : 그럼 살게 되는 거지.

고도는 그들을 살게 해줄 사람입니다. 구원자인 것이지요. 그런데 그들을 구원해줄 것이라고 믿는 고도는 누구일까요? 많은 사람이 고도를 신이라고 여깁니다. 그런데 고도는 인간을 버려둔 채 아무 일도 하지 않습니다. 하지만 인간은 고도를 만나 구원을 얻어야 합니다. 그래서 오늘도 내일도 고도를 기다립니다.

사람들은 오지 않는 고도를 기다려야 하는 부조리한 상황에 놓여 있습니다. 무엇이 구원인지를 모르기 때문입니다. 구원이란 그저 고도가 해주는 것입니다. 그들 스스로 할 수 있는 것은 기다리는 것뿐입니다. 여기에 우리가 그들과 다른 결정적인 지점이 있습니다.

우리의 버팀은 그런 기다림이어서는 안 됩니다. 우리는 고도가 오지 않는 상황을 상정하고 있습니다. 구조대가 오지 않을 때, 구조대가 오더라도 언제 올지 모를 때 우리는 우리를 구원할 고도를 전부로 여길 것이 아니라 우리 자신이 스스로 고도가 되어야 합니다. 따라서 우리의 버팀은 삶에 대한 긍정이며 삶을 변화시키는 역동적 행위입니다. 그리고 바위가 다시 굴러 떨어져도 다시 그 길을 가겠다는 의지의 발현입니다.

기다림이 목적인가, 만남이 목적인가?

『고도를 기다리며』의 등장인물은 다섯 명입니다. 그중 럭키와 포조는 주종 관계에 있습니다. 럭키는 노예, 포조는 주인입니다. 그런데 이들의 주종

> 무기력과 절망에 빠진 사람은 거짓 희망이라도 있기를 바란다. 그것에라도 의존해야하기 때문이다.

관계는 조금 이상합니다. 서로가 서로를 의존합니다. 그런데 다시 생각해보면 이상할 것이 없습니다. 노예 없는 주인 없고 주인 없는 노예 없습니다. 주인이 있기에 노예가 있고 노예가 있어 주인이 생깁니다.

'주인'이나 '노예'라는 말은 이미 상대에 의존하고 있다는 뜻이 됩니다. 그리고 블라디미르와 에스트라공을 다시 만났을 때, 럭키는 벙어리가 되어 있었고 포조는 장님이 되어 있었습니다. 보는 자는 말할 수 없고 말하는 자는 볼 수 없습니다. 그들은 그렇게 떨어질 수 없는 사이가

된 것입니다. 그렇다면 둘은 계약하에 동등한 관계가 될 수 있었을지 모릅니다. 하지만 그들은 상보적인 존재임에도 불구하고 주종의 관계에 놓여 있습니다. 그것이 현실이기 때문입니다. 서로가 필요하지만 지배와 피지배라는 사회적 관계가 투영되었기 때문입니다.

우리도 그런 구조에 놓여 있습니다. 하지만 우리는 그 부조리에 문제를 제기하지요. 럭키는 관계의 불공정에 대한 문제를 제기하지 않습니다. 그래서 포조는 계속해서 주인이 됩니다.

그리고 또 하나의 등장인물이 있습니다. 고도의 말을 전하는 소년이지요. 소년은 소식을 전하는 메신저에 불과합니다. 하지만 소년은 권력자입니다. 고도의 말이 소년을 통해 전해지기 때문입니다. 소년이 고도의 말을 조작해도 알 수 있는 방법은 없습니다. 소년을 통하지 않으면 고도와 소통할 수 없기 때문입니다.

고도가 가지 않을 것이라 해도 소년이 올 것이라고 이야기하면 기다려야 합니다. 사실 소년이 고도와 만나 고도의 이야기를 들었는지 아닌지도 알 수 없지만 소년의 말을 믿을 수밖에 없습니다. 그가 그렇다고 이야기하니까요.

소년은 에스트라공과 블라디미르의 삶을 기다림으로 만들었습니다. 만나는 것이 목적인데, 만나 구원을 얻는 것이 목적인데 기다리는 것으로 삶을 채워버리게 한 것입니다. 이것은 또 하나의 부조리입니다.

왜 사람들은 소년의 말을 믿을까요? 부정하지 않고, 떨쳐 일어나지 않을까요? 고도가 전부이기 때문입니다. 고도가 전부가 되어버린 상황에 있기 때문입니다. 무기력과 절망에 빠진 사람은 거짓 희망이라도 있

기를 바랍니다. 허언증에 걸려 말을 지어내듯 희망을 이야기하면 그것
이 거짓이라 할지라도 거기에 기대려고 합니다.

그때 목적은 고도를 만나는 것이 아닙니다. 고도를 기다린다는 헛된
위안입니다. 기다림으로 변하는 것은 아무것도 없습니다. 하지만 적어
도 기다린다는 행위를 하고 있다며 스스로를 위로하려는 것이지요.

그것은 고민해봤다는 것과 같습니다. '무엇을 왜 하지 않느냐?'는 물
음에 '고민은 해봤다.'고 대답하는 것과 같습니다. 이는 '고민만 했다.'
는 말과 다르지 않습니다. 그럼 변하는 것은 아무것도 없습니다.

고도를 기다리고 있나요? 그럴 수밖에 없다고 생각하나요? 그래서
기다리는 일만 할 수 있는 것입니다. 고도를 찾지 않는 것이지요. 우리
의 버팀은 고도를 찾는 것입니다. 그래서 스스로가 결국 고도가 되는 것
입니다. 그때 우리는 항상 고도와 함께할 수 있을 것입니다.

2장

직시
두려움의 정체는 무엇인가

— 니체, 『차라투스트라는 이렇게 말했다』

니체의 상대성이론

이문열이 쓴 『우리들의 일그러
진 영웅』이라는 소설이 있습니다. 서울
에서 시골 학교 5학년 2반으로 한병태
가 전학을 오지요. 그런데 5학년 2반은

> 모두가 살기 어려운
> 시대니 '까'라고 할 때
> 살기 어려운 시대지 '만' 하고
> 외쳐라.

이상한 곳입니다. 여기에는 선생님보다 무서운 절대 권력자 엄석대가
존재하고 있습니다. 병태도 처음에는 저항을 해봅니다. 하지만 따돌림
을 당하게 되자 엄석대의 그늘로 들어갑니다. 그리고 6학년이 되었습니
다. 모든 게 예전과 같을 줄 알았습니다. 하지만 새로 온 김정원 선생님
은 달랐습니다. 엄석대의 시험지 조작, 폭력, 위압을 알아챈 것입니다.

아이들은 엄석대에게 등을 돌리고, 엄석대는 학교를 뛰쳐나갑니다. 그때 엄석대는 한없이 작아 보였습니다.

그럼 엄석대는 원래 큰 존재였을까요? 아이들에게는 자신보다 나이도 많고 키도 크고 힘도 센 엄석대가 무척이나 크게 느껴졌을 것입니다. 그런데 순식간에 엄석대는 작아졌습니다. 엄석대는 변한 것이 없는데, 왜 다르게 보였을까요? 그건 김정원 선생님이라는 엄석대보다 더 큰 존재가 나타났기 때문입니다.

크다는 것, 강하다는 것은 그저 내가 선 자리에서 보이는 모습일 뿐입니다. 『맹자』「진심盡心 상上」에 이런 말이 나옵니다.

공자께서 동산에 오르시어 노나라를 작게 여기시고 태산에 오르시어 천하를 작게 여기시니, 까닭에 바다를 본 자는 물같이 됨이 어렵고, 성인의 문하에서 있던 자는 말을 하기가 어렵다.

노나라의 동산에 올라 보니 노나라가 작아 보이고, 태산에 올라 보니 천하가 작아 보입니다. 바다를 보니 어지간한 물은 물처럼 보이지 않고, 성인에게 배우니 함부로 말하기 어렵고 웬만한 말은 귀에 들어오지 않습니다.

그런데 태산이 그렇게 높나요? 태산의 최고봉은 1532.7미터로 그토록 높고 높은 산이 아닙니다. 에베레스트의 반에 반도 안 되는 높이입니다. 하지만 평지에 우뚝 솟은 태산은 높고 거대해 보입니다. 모든 것은 상대적입니다. 내가 어떻게 보느냐에 따라 사물은 달라 보입니다. 엄석대가 큰 것이 아니라 한병태가 작은 것일 수도 있습니다.

나는 얼마나 클까요? 아직은 알 수 없습니다. 그건 무언가와 비교할 때 알게 되는 것이니까요. 그런데 왜 우리는 스스로를 작게 여길까요? 항상 너무 큰 것과 비교하기 때문일까요? 그럼 우리는 항상 왜소한 존재로만 살아야 하는 것일까요? 니체Nietzsche로부터 우리가 끌어올린 질문은 여기서 시작됩니다.

『차라투스트라는 이렇게 말했다』에서 니체는 묻습니다. "신이 왜 그렇게 위대해졌는가?"

당연하지 않습니까? 위대하지 않은 신이 어디 있나요? 위대하기에 신인 것이지요. 그런데 니체는 다르게 말합니다. "신이 위대해진 것은 인간이 왜소해졌기 때문이다." 그리고 신들에게 바친 것의 반만이라도 자신에게 투자했다면 그렇게 작아지지 않았을 것이라고 덧붙입니다.

내가 너무 쪼그라들어서 별로 크지도 않은 것을 크게 여기고, 내가 너무 왜소해서 아무것도 아닌 일에 매몰되고, 내가 또 너무 약해서 강하지도 않은 것에 굴복하고 있을 때 니체는 위대한 신과 인간을 비교하면서도 한 치를 물러서지 않습니다.

내가 내 크기와 강함을 모르면서, 비교의 대상이 어떤 것인지도 모르면서 먼저 겁을 먹고, 숙이고, 상대가 안 된다고 여기는 것은 아닐까요? '아, 나는 당랑거철螳螂拒轍! 수레를 막아선 사마귀 한 마리에 불과하구나. 이란격석以卵擊石! 계란으로 바위를 치는구나.' 그러면서 더 쪼그라들고, 더 약해지고, 더 작아지고 있었던 것인지도 모릅니다.

'살기 어려운 시대니까, 힘든 게 당연하니까, 많은 사람들이 그러니까'의 '까'가 아니라 '살기 어렵지만, 힘들지만, 많은 사람들이 그렇지만'의 '만'을 외치라고 니체는 우리에게 이야기합니다. 그것이 인간 니체가 초인이 되어야 한다고 말한 이유이며 우리가 지금 니체에게서 읽어야 할 인문학의 정신입니다.

신은 누구인가?

요즘 마블스튜디오의 영화를 보면 신의 권위가 확실히 추락하긴 한 것 같습니다. 영화 「어벤져스The Avengers」

> 절대 가치에 억눌러 다른 생각을 하지 못하는 인간은 노예나 다름없다.

시리즈에 등장하는 토르는 묠니르라는 쇠망치로 천둥과 번개를 부르는 천둥의 신입니다. 오딘에게 자리를 내주기 전까지는 북구의 주신이자 농경의 신이기도 했습니다. 천둥과 번개가 비와 연결되기 때문입니다. 농사에서 가장 큰 적은 가뭄입니다. 말라버린 대지에 내리는 비는 신의 축복처럼 느껴졌을 것입니다. 그런 토르가 이제는 초능력을 가졌다고는 하지만 인간과 동급이 되어 싸우고 있습니다. 영화에서 신은 작아졌습니다. 그리고 인간은 커졌습니다. 하지만 커진 인간은 한정된 소수일 뿐입니다. 그들의 이야기는 우리와 너무 멀리 떨어져 있습니다.

니체의 『차라투스트라는 이렇게 말했다』에서 가장 유명한 명제는 '신은 죽었다.'입니다. 니체가 지금 이런 영화가 나올 줄을 알기라도 했던 것일까요? 아닙니다. 니체가 말하는 신은 그런 신이 아닙니다.

서양의 사상과 과학은 아주 오랜 시간 몇 명의 철학자에게 지배를 받아왔습니다. 그 시작점에 소크라테스가 있습니다. 그리고 소크라테스 이후 배출된 플라톤과 아리스토텔레스가 있습니다. 이들은 아주 오랜 기간 동안 반박할 수 없는 진리와 같은 존재였습니다.

1632년 갈릴레오는 『두 개의 주된 우주 체계에 관한 대화』를 통해 지동설을 주장합니다. 그 때문에 갈릴레오는 교황청으로 소환되어 무릎을 꿇고 이단에 대한 유죄를 선고받습니다. 사실 천동설은 아리스토텔레스에서 비롯했습니다. 갈릴레오는 당시 종교와 과학에서, 말하자면 조선의 주자와 같은 자리를 차지하고 있었습니다. 조선시대에는 아무리 유명한 성리학자라 하더라도 주자를 비판하면 유교의 교리와 질서를 어지럽히는 사문난적斯文亂賊으로 지목돼 사회적으로 매장되었습니다.

아리스토텔레스와 함께 유럽의 사상사를 지배해온 인물이 바로 플라톤입니다. 니체는 기독교 역시 플라톤의 또 다른 변형이라고 보았습니다. 하나의 절대 가치, 절대정신이 지배하는 사회에서 다른 생각은 숨을 쉴 수 없습니다. 모든 것은 절대적인 가치에 따라야 하니까요. 그렇다면 그 가치는 신적인 위치에 있다고 할 수 있습니다. 하지만 니체는 인간을 원했습니다. 인간은 친구입니다. 니체는 『차라투스트라는 이렇게 말했다』에서 이야기합니다.

너는 노예인가? 그렇다면 너는 친구가 될 수 없다. 너는 폭군인가? 그렇다면 너는 친구를 가질 수 없다.

신에게 지배를 받는 인간, 아니 절대 가치에 억눌려 다른 생각을 하지 못하는 인간은 노예입니다. 니체는 노예와 친구가 될 수 없었습니다. 폭군도 마찬가지입니다. 인간을 억눌러 하나의 획일화로 몰아가는 절대 가치는 폭군입니다. 못하는 것 없이 홀로 존재하는 무소불위無所不爲의 폭군에게는 친구가 있을 수 없습니다. 니체가 부정한 것은 신처럼 군림하는 절대 가치의 폭군입니다. 니체는 그 가치를 해체한 것입니다.

하지만 놀랍게도 그 신을 다시 살려놓은 것은 인간입니다. 신이 죽자 인간들은 견딜 수 없었습니다. 인간 세상에서 높다는 사람들이 모였습니다. 그리고 당나귀를 신으로 추대하기로 결정합니다. 어떻게 당나귀가 신이 될 수 있을까요? 그 물음에 교황은 "이 세상에 아직 경배할 것이 남아 있다는 것에 나의 늙은 마음은 기뻐할 뿐이다." 하고 말합니다.

우스운 상황입니다. 하지만 이 또한 현실입니다. 세상에는 권위라는 것이 있습니다. 그 권위는 막강한 힘을 발휘합니다. 무엇을 하지 말라는 말, 무엇을 해야 한다는 말, 그 권위 앞에 우리는 작아집니다. 그리고 그것에서 벗어나면 잘못했다고 생각합니다. 그 권위가 어떻게 생겨 어떻게 우리를 지배하는지도 모르면서 그저 그 권위에 순종하고자 합니다. 마치 『차라투스트라는 이렇게 말했다』에 나오는 사람들처럼 말이죠. 그러고는 숨을 쉴 수 없다고 말합니다. 하지만 그 권위가 사라지면 또 불안함을 느낍니다. 뭔가 나를 규정해주지 않으니까요.

우리는 이 시대가 뭐라 규정되지 않는 시대라고 이야기했습니다. 니체의 방식으로 말한다면 우리는 신이 죽은 시대를 살고 있습니다. 그런데 또 다른 신을 기다리고 있습니다. 어쩌면 당나귀라도 모시고 싶은 것인지도 모릅니다. 누군가 그것이 맞다고 하면 "왜?"라는 질문을 던지지 않고 함께 고개를 숙일지도 모를 일이죠.

나를 억누르는 권위, 나에게 맞지 않는 가치에 매몰될 것인가요? 아니면 나를 찾아 떠날 것인가요? 그러한 권위, 가치를 주장하는 사람들이 나를 대신해 내 삶을 살아줄까요? 그렇지 않습니다. 그 사람의 말을 따르다 실패했다고 해서 그 사람이 책임져주지는 않습니다. 그래서 생각을 해야 합니다. 고전을 읽는 것도 생각을 하기 위해서입니다. 생각을 통해 나의 것을 찾기 위해서입니다. 어쩌면 신이 죽은 지금은 자신의 가치를 세울 수 있는 기회의 시대인지도 모릅니다.

초인을 위하여

이제 우리는 스스로가 초인이 되어야 합니다. 어떤 크고 강한 비교 값에 쪼그라들지 않는 방법은 스스로 초

내 인생 내가 살겠다는데,
부끄러울 것도 두려울 것도 없다.
쫄지 말자.

인이 되는 것입니다. 어벤져스도 자신보다 강한 존재 앞에서는 무기력합니다. 하지만 우리는 그들보다 강해질 수 있습니다. 그것은 우리가 진정한 초인이 될 때 가능합니다. 니체는 말합니다.

이제까지 모든 존재는 자신을 능가하는 무엇인가를 창조해왔다. 너희는 그 위대한 조수의 썰물이 되길 원하며 인간을 초극하기보다 오히려 짐승으

로 되돌아가고자 하는가?

인간에게 원숭이란 어떤 것인가? 하나의 웃음거리 혹은 괴로운 수치다. 그리고 초인에게는 인간 또한 바로 그럴 것이다. 하나의 웃음거리 혹은 괴로운 수치인 것이다.

너희는 벌레로부터 인간으로 이르는 길을 걸어왔으되, 아직도 너희 내부의 많은 것들이 여전히 벌레다. 예전에 너희는 원숭이였고 지금도 너희는 여전히 원숭이보다 더한 원숭이인 것이다.

우리가 흔히 말하는 초능력은 내면의 강함이 아니라 외부적인 힘입니다. 칼질 한 번에 초목을 부수고 강물을 가르는 무림의 초극강 고수의 힘은 무공, 그것뿐입니다. 그가 선량한 사람을 죽이고 자신의 욕심만을 채우는 자가 될 때, 우리는 그를 초인이 아닌 악인이라고 부릅니다.

니체가 말하는 자신을 능가하는 그 무엇은 나에게 있습니다. 내가 누구인지, 나의 한계가 무엇인지 알 때 우리는 자신의 한계를 넘어설 수 있고 그때 자신을 능가하는 그 무엇이 되는 것입니다. 하지만 외부의 힘에 의해 누군가 정해놓은 그 길을 아무런 생각 없이 걷고 따르기만 한다면 우리의 내부는 여전히 원숭이에 머물고 말 것입니다.

초인이란 내면에서 웅크리고 있는 자가 아닙니다. 내면에서 웅크리고 있는 나는 내가 얼마나 좁은 곳에 있는지 알지 못합니다. 그곳이 세상의 전부인 줄 알기 때문입니다. 하지만 그곳에서 벗어나면 알게 됩니다. 한계와 크기와 강도를 알게 되면 그것을 극복할 수 있게 됩니다. 그리고 내가 중심이기에 다른 것과의 비교로 자괴감을 느끼지 않습니다.

극복의 대상은 남이 아닌 자신이기 때문입니다.

  똑바로 볼 것은 두 가지입니다. 먼저 나를 둘러싸고 있는 올가미의 정체가 무엇인지를 바로 보아야 합니다. 맹목적으로 획일적으로 내가 무언가를 따르고 있는 것은 아닌지를 보아야 합니다. 그리고 내 안에서 나를 보는 것이 아니라 나를 벗어난 바깥에서 나를 보아야 합니다. 이때 두려워하지 마십시오. 쫄 필요는 없습니다. 내가 생각해서 내 인생을 살겠다는데 부끄러울 것도 두려울 것도 없습니다.

똑바로 보아라!

절망
더 높은 세상으로 가는 문

— 사마천, 『사기』

정말 절망과 마주했는가?

지금 나는 어떤 상태입니까? 포
기 상태인가요? 그냥 주저앉기로 결정
했나요? 그렇다면 그것도 하나의 결정

> 무엇이 사마천으로 하여금 개,
> 돼지보다 못한 존재로 만드는
> 형벌을 이겨내게 했는가?

이군요. 그런데 다시 한 번 물어보겠습니다. 그렇게 결정한 이유가 무엇
인가요? 힘이 들어서? 아니면 해도 안 될 것 같아서? 침묵하는군요. 다
시 한 번 묻겠습니다. 혹시 무엇을 해야 할지 찾지 못한 것은 아닌가요?
무엇을 해야 할지도 모르면서, 무엇을 해야겠다는 마음도 없으면서 그
냥 안 된다고 생각하고 포기한 것 아닌가요? 정말 그런 것은 아닌가요?
죄송합니다. 이 시대는 정말 우리를 쉽게 절망에 빠트립니다. 그런

데 말입니다, 절망이란 건 그렇지 않습니까? 절벽에 내몰렸을 때, 도저히 넘을 수 없는 거대한 벽과 마주쳤을 때, 그럴 때 느끼는 것이 절망 아닌가요? 무엇을 하다 느끼는 것이 절망이라는 말입니다. 그런데 우리는 가끔 무엇을 할지 모르는 데서 절망을 느낍니다. 그것은 절망보다 무기력입니다.

본립도생으로 각자도생해야 한다는 말을 했습니다. 고전에서 우리의 길을 찾아나가는 것, 그것이 바로 무기력에서 벗어나고 절망을 이겨내어 나의 길을 찾는 것입니다. 무기력을 떨치고 일어나게 하는 것, 절망의 낭떠러지에서 지푸라기를 하나 잡고 일어서게 하는 그 무엇을 사마천의 『사기史記』에서 찾아보려 합니다.

저는 쇠고랑을 차고 족쇄를 발에 걸치고 벌거벗겨진 채 구타를 당했으며, 감옥 안에 갇혔습니다. 형리를 보면 머리가 땅에 닿을 정도로 절을 해야 하고 심부름하는 아이가 지나가도 가슴이 철렁하니 내려앉는 듯 긴장을 해야 합니다.

– 『한서漢書』「사마천전司馬遷傳」

본기本紀 12권, 표表 10권, 서書 8권, 세가世家 30권, 열전列傳 70권의 5부 130권 52만 6,500자로 구성되어 있으며 역사학의 근간이자 인간학의 보고로 추앙받는 『사기』를 집필한 사마천은 그렇게 감옥 안에 갇혀 있습니다. 하지만 『사기』는 아직 완성되지 않았고 그의 형벌도 끝나지 않았습니다.

옛날 중국에는 다섯 가지 형벌이 있었습니다. 이는 『서경書經』이라고 알려진 『상서尙書』 1권 「우서虞書」에 등장합니다. 그것은 피부에 죄명을 먹물로 써 넣는 묵형墨刑, 코를 베어버리는 의형劓刑, 발뒤꿈치를 베는 비형剕刑, 생식기를 쓰지 못하게 하는 궁형宮刑, 목을 베는 대벽大辟입니다.

그런데 잘 살펴보면 여기에 뭔가 의미가 있습니다. 가장 큰 형벌인 대벽은 사형입니다. 생명을 끊어 더 이상의 존재를 만들지 않겠다는 것입니다. 그럼 존재하지 않는 사람이 되는 것입니다. 다음은 궁형인데, 궁형은 남자뿐 아니라 여자에게도 시행되었습니다. 생식기를 폐쇄함으로써 더 이상 자손을 잇지 못하게 한 것인데, 자손을 잇지 못하는 것은 자신의 존재가 자신으로 끝난다는 뜻입니다. 그리고 또 하나 덧붙이자면 동물보다도 못한 존재로 전락시키겠다는 의미입니다. 사형인 대벽이 시행되면 더 이상 생물이 아닙니다. 하지만 궁형을 당하면 동물조차 하는 짝짓기마저 할 수 없는 더욱 하등한 존재가 되고 맙니다.

그렇다면 발뒤꿈치를 자르는 비형은 어떨까요? 발뒤꿈치를 자르면 직립보행을 할 수 없게 됩니다. 인간의 가장 큰 특징을 잃게 되는 것이죠. 네발로 기어 다니는 존재는 동물입니다. 게다가 발뒤꿈치가 없으니 자유롭게 다닐 수도 없습니다. 자유를 잃어버린 동물로 만드는 형벌이 바로 비형입니다. 그리고 다음으로 코를 베는 의형입니다. 코는 얼굴의 중심입니다. 코가 없다는 것은 사람의 얼굴을 하지 않았다는 것입니다. 의형은 더 이상 사람이 아니기에 사람의 세상에서 추방함을 의미합니다. 그리고 마지막이 얼굴에 죄명을 문신하는 묵형입니다. 묵형은 사람이지만 오랑캐가 되었음을 의미하는 형벌입니다.

　사마천은 위의 형벌 중 하나를 받아야 했습니다. 이릉의 화禍로 사대부인 사마천은 궁형을 당하게 됩니다. 남자로서가 아니라 인간으로서 사마천은 종말을 선언당했습니다. 그러나 사마천은 『사기』를 완성했습니다. 왜 사마천은 그 절망의 구렁텅이에서도 포기하지 않았을까요? 사마천이 『사기』를 완성한 그 이유가 지금 우리에게는 필요합니다.

살아남으리라!

　대대로 역사를 기술하는 사관史官의 집안에서 태어난 사마천은 한나라의 무제 때 역사를 기술하는 태사령이

> 『사기』가 무엇인지 파고들기 전에 사마천을 이해해야 한다.

라는 벼슬을 하고 있었습니다. 사마천에게 불운이 찾아온 것은 흉노와의 전쟁에서 장군 이릉이 항복하면서부터입니다. 기원전 99년 한무제는 이광리에게 3만의 군사를 이끌고 흉노를 정벌할 것을 명합니다. 이때 이릉 역시 군사 5,000을 거느리고 전쟁에 참여하게 됩니다. 처음에는 5,000의 보병만으로 흉노군을 격파하는 활약을 보입니다. 그러나 이릉은 주력부대가 아니라 흉노군의 시선을 돌리는 역할을 맡고 있었습니다. 그런데 흉노의 주력부대와 마주치고 맙니다. 3만의 흉노군에게 포위당했지만 이릉과 군사들은 흉노군을 대파하고 역습을 가하기까지 합니다. 이에 흉노는 8만의 군사를 모아 다시 이릉을 공격합니다. 끊임없

는 공격에 이릉의 군사는 지쳐갔고 결국 절망적인 상황이 도래합니다. 이에 이릉은 결국 항복을 하고 맙니다.

한나라 무제는 크게 노하였고 이릉의 일족을 몰살시키려 했습니다. 조정의 대신들도 이릉의 일족을 모조리 죽여야 한다고 일어섰습니다. 단 한 사람, 사마천을 빼고 말입니다. 사마천은 이릉이 본래 충성스러운 장군이었으며, 보병 5,000으로 몇 만의 대군과 싸우는 것은 중과부적이 었음을 말합니다. 사마천의 말은 무제를 더 분노케 했습니다.

사실 사마천과 이릉은 큰 친분이 있는 것도 아니었습니다. 사마천도 "이릉과 저는 같은 문하였지만 오래 사귄 친구는 아니었습니다. 하는 일이 서로 달랐고, 술잔을 부딪치며 우의를 나눌 기회도 별로 없었습니다." 하고 말했습니다. 하지만 사마천은 자신이 옳다고 여기는 말을 해야 했고, 감옥에 갇혀 온갖 굴욕을 겪게 됩니다.

하지만 그보다 더한 치욕이 기다리고 있었습니다. 감옥에서 고문을 받는 것보다 더 큰 형벌을 받아야 했던 것입니다. 왕을 속인 죄까지 더해져 사마천은 사형을 언도받습니다. 이제 모든 것이 끝나는 상황이 온 것입니다.

하지만 사마천에게 다른 두 개의 선택지가 주어졌습니다. 속량금 50만 전을 내거나 궁형을 받는 것이었습니다. 사마천에게는 그런 거금이 없었습니다. 살기 위해서는 궁형을 받아야 했습니다. 보통의 사대부였다면 궁형의 치욕보다 죽음을 택했을 것입니다. 사마천 자신도 처벌을 받고 치욕스럽게 살아가겠다는 것이 자신의 본심은 아니라고 말했습니다.

개똥밭 가시덤불에 묻혀서라도 어떻게든 살아남아야 했고 내 목숨을 쉽게 버리지 못한 이유는 내가 하고자 하던 일을 못한 데 대한 한을 풀기 위한 것입니다. 이대로 묻혀버린다면 나의 글이 후세에 전해지지 못할 것이 두려웠기 때문입니다.

저는 아직 저술을 완성시키기 전에 이릉의 화를 당했습니다. 이대로 완성시키지 못한 채 중도에서 끝낸다는 것은 도저히 견딜 수 없는 일이고, 그래서 극형을 당하면서까지 분노의 기색을 아무에게도 보이지 않았습니다.

　－「사마천전」

사마천이 온갖 모멸과 치욕을 감수하면서도 살아남기를 선택한 이유는 해야 할 일이 있었기 때문입니다. 사마천은 살아남았습니다. 살아남아 『사기』라는 명작을 우리에게 남겼습니다. 이후 사마천은 복권되어 더 높은 벼슬에 올랐습니다. 하지만 형벌의 후유증은 극심했습니다. 식은땀이 옷을 적셨고 창자가 꼬였으며 불안한 정신에 오지도 가지도 못하는 때가 많았습니다.

우리가 주목해야 하는 것은 '그가 왜 치욕을 감수했는가?' 하는 점입니다. 무엇이 개, 돼지보다 못한 존재로 만드는 형벌을 이겨내게 만들었느냐 하는 것입니다. 인문학을 한나고 하면 그 내용에만 십중하는 경우가 있습니다. 그렇다면 『사기』가 무엇인지만을 파고드는 것이 됩니다. 하지만 인문학은 그 이름대로 사람과 사람이 만든 문화에 대한 학문입니다. 문화가 있기 전에 그것을 만든 사람이 있습니다. 이에 인문학에서는 사람을 이해하지 않으면 그 요체를 이해하지 못하게 되는 경우가 생기기도 합니다. 그래서 우리는 지금 사마천으로 시작할 것입니다.

소명이란 무엇인가

우리는 시시각각 투쟁하며 살고
있습니다. 순간순간 절망하고 순간순간
희망을 품습니다. 실망처럼 작은 절망

절망보다 더 큰 무엇을 가지고
있다면, 결코 절망에
잡아먹히지 않을 것이다.

이 있는가 하면 온몸을 내던지고 싶을 만큼 커다란 절망도 있습니다. 때
로는 체념하고 때로는 도전을 합니다. 이 끊임없는 과정이 삶이라는 시
간의 선을 만들어갑니다.

그런데 항상 우리가 삶에서 절망을 이겨내는 것은 아닙니다. 포기하
고 체념하고 물러서는 것도 일상입니다. 어떤 경우에는 그게 더 좋을 수
도 있습니다. 그러나 어떤 일들에서는 그것을 이겨내야만 합니다. 그러
지 않으면 더 이상 나아가지 못하게 될 수도 있기 때문입니다. 치욕도
마찬가지입니다. 작은 부끄러움이라면 머리를 흔들며 잊자고 할 수도
있습니다. 하지만 일생을 따라다니는 치욕도 있습니다. 그 치욕에 먹혀
버리면 아무것도 하지 못하는 사람이 되고 맙니다.

치욕과 절망을 이겨내는 방법을 사마천은 온몸으로 보여주었습니다.
그에게는 할 일이 있었습니다. 그것은 필생의 사명이었을 것입니다. 이
건 아주 간단한 논리입니다. 무언가를 이기기 위해서는 어떻게 해야 할
까요? 그것보다 더 강한 것이 있어야 합니다. 절망과 치욕보다 더 큰

것, 그것이 있다면 이겨낼 수 있는 것입니다.

사마천에게는 치욕과 절망보다 더 큰 것이 있었기에 그것으로 절망과 치욕을 이겨낸 것입니다. 정말 이겨내야 한다면, 의미가 없더라도 더 큰 의미를 만들어내야 합니다. 더 큰 의미가 있는 것에 사람의 마음은 움직이기 때문입니다. 이제 사마천의 그것이 무엇이었는지 살펴볼 차례입니다.

어떤 사람들은 "하늘의 도는 공평무사해서 항상 착한 사람을 돕는다."고 말합니다. 백이, 숙제와 같은 사람은 착한 사람이라고 해야 하지 않을까요? 그러나 그처럼 인덕을 쌓고 행실이 깨끗한 사람들, 그들은 굶어서 죽었습니다. 그뿐이 아닙니다. 공자의 70문도인 3,000명의 제자 중에서 공자는 오직 안연 하나만을 제자로 천거했습니다. 그러나 안연은 항상 가난해서 술지게미와 쌀겨와 같은 음식도 배부르게 먹지 못하고 끝내 일찍 죽고 말았습니다. 도척은 날마다 죄 없는 사람을 죽이고 사람의 살을 회 쳐 먹으며 포악무도한 짓을 함부로 하며 수천 명의 도당을 모아 천하를 횡행했음에도 불구하고 천수를 다 누리고 죽었습니다. … 나는 이것에 대해 큰 의혹을 느낍니다. 만약 이것을 하늘의 도라고 한다면 과연 그 하늘의 도는 맞는 것입니까? 틀린 것입니까?

    - 『사기』「백이열전伯夷列傳」

사마천의 문제의식은 우리도 느끼고 있는 것입니다. 그리고 무척 억울해하는 일이기도 합니다. 우리가 착하고 성실하게 사는 사람이 성공

하기 힘든 시대에 살고 있는 것도 사실입니다. 그런데 우리에게는 현실적으로 이 구조를 바꿀 힘이 존재하지 않습니다. 혼자였을 때는 말입니다. 불합리한 구조, 불합리한 사회를 바꾸기 위해서는 소통과 공감이 이루어져야 합니다. 그래서 하나의 흐름을 만들어야 합니다. 그러지 않으면 사회는 모든 문제의 책임을 개인의 노력 부족으로 돌릴 것입니다.

사마천이 바랐던 것도 그것일지 모르겠습니다. '천하의 악적인 도척은 악행을 서슴지 않았음에도 천수를 누리는데, 왜 의롭고 착한 사람은 굶어 죽어야 하는가?' 그것이 하늘의 도道일 리는 없습니다. 그런데 현실에서는 이런 일이 일상적으로 벌어지고 있습니다. 그들을 벌할 방법은 정녕 없는 것일까요? 사마천은 그것을 고민했고 그 정신을 이으려 했습니다.

사마천의 아버지인 사마담은 사마천에게 역사를 기술하는 태사가 되어 조상의 직분을 계승하라는 유언을 남깁니다. 그리고 공자가 사라진 옛 전통을 복구하고 정리하여 『시경詩經』과 『서경』을 논술하고 『춘추春秋』를 지었기 때문에 지금까지도 학자들이 그를 본받는다고 말합니다. 그러니 현명한 군주, 정의를 위해 목숨을 바친 충신의 일을 기록하라고 합니다.

이것은 객관적인 기록을 남겨 그 사람을 평가하게 만들라는 것입니다. 살아 벌을 받지 않더라도 역사의 죄인으로 남겨 만대에 이르기까지 사람들의 손가락질을 받는 악인으로 남기라는 것입니다. 이것이 바로 역사이며 역사의 무서움입니다. 사마천은 공자가 『춘추』를 지은 그 정신을 계승하고 있습니다.

세상이 쇠해지자 도가 은미하여져 간사한 말과 포악한 행실이 또 일어나 신하로서 임금을 죽이는 자가 있고 자식으로서 아비를 죽이는 자가 있었다. 공자께서 두려워하시어 『춘추』를 지으시니, 『춘추』는 천자의 일이라. 이런 까닭에 공자께서는 "나를 알아주는 것도 『춘추』이며 나를 벌할 것도 『춘추』 일 것이다."라고 하셨다.

　　－『맹자』「등문공滕文公 하下」

　공자가 『춘추』를 지은 것은 바로 세상을 바로잡기 위함이었습니다. 사람들이 엄정한 역사의 평가를 두려워하게 만들려는 것이었습니다. 맹자는 다시 이를 이렇게 설명합니다.

　　옛적 우가 홍수를 그치게 하니 천하가 평안하고, 주공이 이적을 보여 맹수 떼를 몰아내니 백성이 편안하고 공자께서 『춘추』를 지으니 난신과 적자가 두려워하였다.

　　－「등문공 하」

　'난신亂臣'은 나라를 어지럽히는 신하, '적자賊子'는 어버이에게 불충한 자식을 일컫는 말입니다. 결국 세상을 어지럽히는 악인을 말합니다. 역사를 기술한다는 것은 그래서 또 난신과 적자가 두려워하게 만드는 것, 그들에게 두려움을 심어주는 일이었습니다.

　사마천이 굴욕과 절망 속에서도 『사기』를 포기하지 않았다는 것은 정의를 포기하지 않았다는 것입니다. 사마천의 사명은 바로 정의에 있었습니다. 정의라는 더 큰 의미가 사마천을 잡아먹으려고 하던 절망을 오히려 잡아먹었던 것입니다.

'중요한 것이 무엇인가?' 그것을 알 때 우리는 선택하고 결정하며 행동할 수 있습니다. 그래서 우리는 항상 중요한 단 하나의 것을 만들어야 합니다. 그것이 삶을 사는 이유가 되고 절망과 체념을 이겨내는 힘이 되기 때문입니다.

4장

희망
열등에서 건져 올린 미래

– 루쉰, 『아큐정전』

희망을 부정하는가?

희망이란 본래 있다고도 할 수 없고
없다고도 할 수 없다. 그것은 마치 땅 위
의 길과 같은 것. 본래 땅 위에는 길이 없
었다. 걸어가는 사람이 많아지면 그것이 곧 길이 되는 것이다.

> 희망이라는 것은 늘 나의
> 가장 부족한 부분, 절망의
> 끄트머리에서 손수건을 흔든다.

중국의 대문호 루쉰(魯迅)은 그의 소설 『고향』에서 이렇게 말합니다.
루쉰은 절망을 겪은 사람입니다. 중국의 저장성(浙江省) 사오싱(紹興)의
남부럽지 않은 집에서 태어났지만 할아버지의 투옥과 아버지의 병환으
로 불우한 소년기를 보냈습니다.

아버지의 약을 짓기 위해 루쉰은 4년이 넘는 시간 동안 전당포와 약방을 드나들었습니다. 약방의 계산대는 어린 루쉰의 키만 했고 전당포의 계산대는 그의 키보다 두 배 높았다고 합니다. 자기 키의 두 배인 전당포의 계산대 앞에 서서 옷가지나 금붙이를 올려놓고 돈을 기다릴 때마다 루쉰은 말할 수 없는 모욕감을 느꼈습니다. 하지만 그 모욕감에 빠져 있으면 아버지의 약을 살 수 없었습니다. 돈을 받으면 루쉰은 약방으로 달려갔습니다. 남부럽지 않게 살다가 몰락함으로써 처하게 된 곤궁은 루쉰에게 더 크게 다가왔을지도 모릅니다.

앞서 이야기한 희망은 루쉰 스스로의 화두였을지도 모르겠습니다. 희망이 없다고 생각하지만 희망을 찾고 결국에는 실현하기 바라는 그의 역설적인 마음이 작품에 녹아 있습니다. 오랜 친구인 진신이(金心異)가 글을 써보지 않겠느냐고 했을 때, 루쉰은 이렇게 말합니다.

"가령 쇠로 된 방이 하나 있다고 하세. 창문도 없고 또 절대로 부숴버릴 수도 없는 그런 방이야. 그 속에는 많은 사람들이 깊이 잠들어 있지. 그러니 머지않아 모두 죽을 판이야. 하지만 혼수상태에 빠져 곧장 죽음에 이르기 때문에 어떠한 고통도 느끼지 않는다고 치세. 그런데 자네가 마구 소리쳐 아직 약간 의식이 맑아 있던 몇 사람을 놀라게 하여 깨움으로써 그 사람들이 도저히 구원받을 수 없는 임종의 고통을 맛보게 된다면 과연 자네가 그들에게 잘한 것이라고 여길 수 있겠나?"

이 말에 진신이는 이렇게 대답합니다.

"그러나 다만 몇 사람이라도 일어난다면 그 쇠로 된 방을 부술 희망이 전혀 없다고는 할 수 없지 않겠나?"

진신이의 대답에 루쉰은 이렇게 생각합니다. '비록 확신이 서 있었다 할지라도 희망을 말했을 때 그것을 말살해버릴 수는 없는 것이다. 희망이란 미래에 존재하는 것인 만큼 희망이 없다고 하는 아무 근거도 없는 확신을 가지고 그가 있을 수도 있다고 보는 희망을 꺾어버릴 수는 없는 것이 아닌가?'

루쉰은 결국 글을 씁니다. 그때 쓴 글이 바로 루쉰의 처녀작인 『광인일기狂人日記』입니다. 『광인일기』의 주인공은 피해망상에 빠져 있습니다. 주위 사람들이 자신을 잡아먹을지도 모른다는 강박관념에 늘 휩싸여 있지요. 하지만 여기서 주변 사람들은 유교 정신에 기반을 둔 중국의 봉건제도를 말합니다. 계몽주의자 광인은 4,000년 전부터 늘 사람을 잡아먹던 강고한 제도에 결국 매몰되고 맙니다. 그걸로 끝일까요? 희망은 사라진 것일까요? 루쉰은 희망의 끈을 놓지 않습니다. 소설은 이렇게 끝이 납니다.

아직도 사람 고기를 못 먹어본 어린이가 있을까?
아이들을 구하라….

암울한 사회에서 루쉰은 어린아이들에게 희망을 걸었습니다. 우리는 이미 커버렸습니다. 현재의 제도에 매몰되어 있습니다. 그러면 이제 우리에게는 희망이 없는 걸까요? 아닙니다. 광인이 희망을 아이들에게서 찾았던 것처럼 우리는 우리가 찾을 수 있는 것에 희망을 걸면 됩니다. 그런데 이것이 아이러니입니다. 희망이라는 것은 나의 가장 부족한 부분, 절망의 끄트머리에서 손수건을 흔들기 때문입니다. 지금부터 우리는 나의 결점, 내가 선 절망의 끄트머리에서 희망을 발견할 것입니다. 루쉰의 대표작 『아큐정전阿Q正傳』으로부터 그 길은 시작됩니다.

누구에게나 있는 정신승리법

루쉰 하면 떠오르는 작품이 『아큐정전』입니다. 루쉰의 언어는 현실의 반을 갈라 그 생살을 보여주는 칼날처

과거의 영화 뒤에 숨지 말라.
현재의 열등함을 인지하고,
거기서부터 다시 시작하라.

럼 날카롭습니다. 누군가는 그것에서 절망을 보고 주저앉을 것이지만, 또 다른 누군가는 그 사람이 몇 명이라 할지라도 새로운 희망을 건져낼 것입니다. 그것이 『아큐정전』을 보고 단 몇 사람이라도 깨어나 쇠로 된 방을 부숴주기를 기대한 루쉰의 마음일지도 모릅니다.

『아큐정전』에 투영된 중국의 모습에서 희망을 발견하기란 어렵습니다. 하지만 어디서 무엇을 보느냐 하는 것은 그 사람에 달려 있습니다. 어렵다는 것은 없다는 것이 아닙니다. 있지만 힘들다는 뜻입니다. 그럼 다른 것은 쉽나요? 어차피 사는 것은 어렵습니다. 어차피 어려운 거, 찾아보는 것이 더 좋지 않을까요?

『아큐정전』 하면 떠오르는 것이 '정신승리법'입니다. 주인공 아큐는 청나라 말기에 살고 있습니다. 날품팔이를 하는 아큐는 비겁한 사람입니다. 강자에게는 약하고 약자에게는 군림하려 하죠. 책임감이라고는

찾아볼 수가 없고, 과거를 부풀리는 과대망상도 가지고 있습니다. 그리고 가장 큰 특징이 아무리 큰 모욕도 자신만의 승리로 바꿔버리는 독특한 정신세계를 가지고 있다는 점입니다.

노름판에서 영문도 모른 채 두드려 맞고 돈까지 빼앗긴 아큐는 억울한 마음을 풀기 위해 자신의 뺨을 때립니다. 화끈거리고 아팠지만 힘껏 자신의 뺨을 때리기를 멈추지 않습니다. 그러고 나니 오히려 후련한 마음을 느낍니다. 어쩐지 자신이 다른 사람을 때린 것처럼 느껴졌기 때문입니다. 그러고는 확실히 자신이 다른 사람을 때렸다고 생각하며 스스로 승리감에 도취됩니다. 이렇게 생각하는 것이 아큐의 정신승리법입니다.

사실 아큐는 당시 중국의 모습을 대변합니다. 더 이상 강대국 중국은 없었습니다. 아편전쟁에서 청나라는 처참하게 패했고 신해혁명은 실패로 돌아갔습니다. 하지만 중국인들은 강성했던 옛날을 떠올리며 비굴하게 현실을 살고 있었습니다. 마치 아큐처럼 정신승리법을 통해 현실에서 도피하고 있었던 것입니다. 루쉰은 그 모습을 아큐에 투영해 처절하게 보여주었습니다.

그런데 『아큐정전』의 존재 이유는 역설입니다. 그런 처절한 모습을 왜 보여준 것일까요? 그냥 그렇게 살라는 것일까요? 아닙니다. 아니셨지요. 그 모습을 보고 자각하라는 것입니다. 정신승리법은 심리학적으로 보면 일종의 '방어기제'입니다. 방어기제는 1894년 프로이트가 「방어의 신경정신학」에서 처음 사용한 말로, 자아가 위협받는 상황에서 자신을 보호하기 위해 무의식적으로 자신을 속이거나 다르게 상황을 해석하게 만드는 것입니다.

정신승리법과 같은 방어기제는 일종의 회피입니다. 위협의 상황에 응전하여 이를 돌파하는 것이 아니라 숨어버리는 것이지요. 방어기제를 쓰면 현실에서 아무것도 바꿀 수 없습니다. 객관적인 상황 인식도 없고 자신에 대한 자각도 없이 자신을 속이는 것이 방어기제입니다.

루쉰은 중국인들이 방어기제에 숨지 말고 외세에 저항하여 중국을 다시 일으켜 세우기를 바랐을 것입니다. 이를 위해서는 먼저 현실을 직시해야 했습니다. 과거의 영화에 숨기보다 현재의 열등함을 확실히 인지해야 한다고 생각했던 것입니다.

정신승리법을 이야기했을 때, 우리는 아큐를 비웃었을지도 모릅니다. 하지만 방어기제를 이야기하면 더 이상 그러고만 있을 수가 없습니다. 정도의 차이만 있을 뿐 아큐와 우리는 크게 다르지 않습니다.

방어기제의 종류는 대단히 다양합니다. 현실을 부정하는 것도 방어기제입니다. 이건 아니라고 믿으며 환상 속에 사는 것이죠. 자신의 문제를 다른 사람에게 투사하는 것도 방어기제입니다. 종로에서 뺨 맞고 청계천에 가서 화풀이하는 격이죠. 이외에도 퇴행, 억압, 고립 등의 방어기제가 있습니다. 그중 우리가 가장 많이 사용하는 방어기제는 합리화일 것입니다.

『이솝우화』에는 「여우와 신포도」 이야기가 나옵니다. 배고픈 여우가 있었습니다. 그런데 지나는 길에 포도나무가 있었습니다. 잘 익은 포도가 정말 먹음직스러워 보였지요. 그런데 포도는 너무 높은 곳에 있었습니다. 힘껏 뛰어보았지만 포도에는 손이 닿지 않았습니다. 다시 한 번

뛰어보았습니다. 그래도 포도를 얻을 수 없었습니다. 그러자 여우는 이렇게 생각하였습니다. '내가 저 포도를 못 따는 게 아니야. 저 포도는 시어서 먹을 수가 없기 때문에 따지 않는 거야.'

우리도 그럴 때가 많습니다. 그리고 핑계를 대죠. 자신을 똑바로 바라보고 문제를 파악하고 다른 무언가를 찾으려 하지 않으면서 단념을 합니다. 하지만 상처받기는 싫습니다. 그래서 합리화를 합니다.

아큐의 정신승리법은 망상적 합리화일 것입니다. 자신의 머릿속에 든 망상을 합리적으로 재구성하여 상황을 전혀 다르게 바꾸어놓는 것입니다. 그런데 루쉰은 왜 아큐를 보여주었을까요? 또 왜 거기서 희망을 발견할 수 있을 것이라고 생각했을까요? 여기에 우리 생존의 단서가 있습니다. 가장 열등한 그곳, 그곳에서 무언가를 발견할 수 있다면 그것은 무엇보다 큰 것이 될 수도 있기 때문입니다.

열등감 콤플렉스

우리는 열등감을 이겨내라는 말을 많이 합니다. 그것이 열등감을 주는 요인 그 자체를 극복하고 없애라는 말만을 의미할까요? 세상에는 바꾸거나

> 길은 있다가도 없고, 없다가도 생긴다. 분명한 것은 걷지 않으면 길은 생기지 않는다는 것이다.

없앨 수 없는 것도 있습니다. 작은 키가 열등감인데, 그것을 바꿀 수 있나요? 하지만 그것을 이겨낸 사람들이 있습니다. 그렇다면 열등감은 없

애야 할 것이 아니라 무언가를 통해 극복하는 것이 됩니다.

열등감을 이겨내고 거기서 더 큰 성취의 동기를 발견하는 것은 아들러의 심리학입니다. 아들러는 '개인심리학'이라는 정신분석의 새로운 영역을 만들었습니다. 개인의 주관과 선택에 따라 사람은 충분히 변화할 수 있다는 것입니다.

이는 장애인들을 관찰하는 과정에서 확고해졌습니다. 같은 장애를 가졌어도 어떤 사람은 그것을 극복해냅니다. 오히려 극복해야 할 장애가 성취동기가 되어 더 큰 추진력을 줍니다. 하지만 어떤 사람은 장애에 매몰되어 무기력한 삶을 살기도 합니다. 결국 중요한 것은 장애가 있느냐 없느냐의 문제가 아니라 장애를 어떻게 받아들이느냐 하는 것입니다.

나폴레옹의 키는 160센티미터가 넘지 않았다고 합니다. 아들러는 나폴레옹의 권력에 대한 강한 욕구가 키가 작다는 열등감을 극복하기 위한 방법이었다고 해석합니다. 그리고 이런 열등감을 통해 강한 성취동기를 얻는 것을 '열등감 콤플렉스'라고 불렀습니다. 열등감 콤플렉스는 무언가를 시도하고 노력하게 하고 또 그것으로 성공을 경험하게 합니다. 그럼 열등감은 자연스럽게 줄어들겠죠.

반대로 우월감 콤플렉스도 있습니다. 무언가를 이루었을 때 그것이 자신에 대한 긍정적 요소로 작용하지 않는 것입니다. 여기서 중요한 것은 다른 사람들의 평가입니다. 성공이나 성취 자체가 목적이 아니라 다른 사람의 느낌과 반응이 가장 중요한 이유가 되는 것입니다. 니체가 이야기한 것처럼 자신의 내면에 웅크리고 앉아 비교에만 신경을 쓰는 상태가 이렇다고 할 수 있습니다.

『아큐정전』에서 우리가 보아야 할 것은 정신승리법에 투영된 중국의 모습이 아니라 우리 자신입니다. 방어기제에 숨는 것이 아니라 방어기제를 걷어치우고 자신을 바라보는 것입니다. 열등한 부분이 있으면 그것을 인정하면 됩니다. 그리고 아들러의 심리학이 이야기하는 것처럼 열등을 성공과 성취의 동력으로 삼으면 됩니다.

결국 희망은 만들어나가는 것입니다. 그래서 희망은 있을 수도 있고 없을 수도 있습니다. 본래 길이 없던 땅에 사람이 지나면 길이 생기는 것처럼 사람이 어떻게 생각하고 행동하느냐에 따라 희망은 생길 수도 있고 아예 없던 것이 될 수도 있습니다. 하지만 걷지 않으면 길은 생기지 않습니다. 희망도 마찬가지입니다. 희망은 과거에 있지 않고 미래에 있습니다. 하지만 또 미래는 기다리는 것이 눈앞의 상황에서 응전할 때 만들어집니다.

루쉰은 하나의 종착점은 분명히 알고 있었습니다. 그곳은 무덤입니다. 누가 말해주지 않아도 누가 어떻게 가라고 하지 않아도 사람들은 모두 그 종착점에 도달합니다. 하지만 그 종착점으로 가는 과정은 사람마다 다릅니다.

열등감이 없는 사람은 없습니다. 성신승리법으로는 아무것도 해결되지 않습니다. 열등이 희망이 될 수 있음을 알아야 합니다. 그럼 미래가 건져 올려질 것입니다.

5장

혁명
지구는 공전 중에도
자전을 멈추지 않는다

— 『상서』

임계점

1기압 100℃에서 물은 액체로
존재하지 않습니다. 그때가 되면 물은
기체로 변하죠. 물을 끓게 만드는 임계

공포와 불안이 일상화된
사회에서 생존하기 위한
당신만의 무기는 무엇입니까?

온도, 그것이 100℃입니다. 하지만 물은 훨씬 높은 온도에서도 기체로
변하지 않을 수 있습니다. 압력을 높이면 됩니다. 압력을 가하고 가해서
218.3기압에 이르면 물의 끓는점은 374.2℃까지 올라갑니다. 그러나 이
한계 상황에 이르면 더 이상의 압력도 물이 끓는 것을 막을 수 없게 됩
니다.

물이 끓어오르는 순간, 그 지점이 바로 임계점입니다. 임계점을 지나

면 액체였던 물은 기체로 바뀝니다. 임계점은 물질에만 존재하는 것이 아닙니다. 시간과 공간에도 임계점은 존재합니다. 시대의 임계점은 전환입니다. 기존의 질서와 다른 새로운 질서가 생성되는 것, 전환된 패러다임이 사회를 지배하는 주요한 흐름이 되는 것 역시 액체인 물이 끓어 기체가 되는 것과 같습니다.

시대의 임계 상황은 항상 같지 않았습니다. 때로 그 시대의 질서가 대다수의 생존을 위협하여 사회가 폭발하기도 했습니다. 한계 상황에 부딪친 사람들이 스스로 시대의 임계점을 만들어낸 것입니다. 그것이 혁명입니다. 또 임계점이 서서히 다가온 때도 있었습니다. 강한 화력이 아니라 은근한 아궁이의 불처럼 서서히 달아오르다 순식간에 끓어오르기도 했죠. 기압에 따라 물의 끓는점이 달라지는 것과 비슷합니다.

언제나 물이 100℃에서 끓는 것이 아닌 것처럼 생존의 위협에 대한 느낌은 시대마다 달랐습니다. 도저히 살 수 없을 것 같은 시대에도 사람들은 몇 백 년을 견디었습니다. 그것은 압력이 그만큼 높았기 때문입니

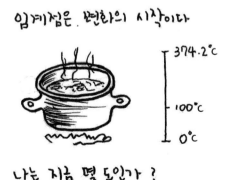

임계점은 변화의 시작이다

374.2℃

100℃

0℃

나는 지금 몇 도인가?

다. 사람들을 짓누르는 압력에 물의 온도가 오르고 또 오른 것입니다. 하지만 374.2℃가 되면 어떤 압력에도 물이 끓어오르는 것처럼 시대는 변화를 맞이했습니다.

하지만 여기에는 하나의 조건이 필요합니다. 마음속에만 머물러 있는 분노로는 아무것도 바꿀 수 없습니다. 분노가 실천으로 표출될 때, 변화가 시작됩니다. 그처럼 시대를 바꾸기 위해서는 지금까지 시대를 지배한 패러다임을 바꿀 또 다른 패러다임을 제시해야만 합니다. 그것은 생각이었습니다. 변화에 지속성을 주어 거대하고 도도한 물결로 만든 생각들이 있었기에 이전과는 다른 사회가 탄생할 수 있었습니다. 생각은 바로 사상이고 우리는 그것을 지금 고전 또는 인문학이라고 부릅니다.

지금 이야기할 인문학 고전은 『서경』입니다. 유교의 중요한 경전을 흔히 '사서삼경四書三經'이라고 합니다. 사서는 『논어』, 『중용』, 『대학』, 『맹자』를 말하고 삼경은 『역경易經』, 『시경』, 『서경』을 일컫습니다. 그리고 『역경』을 『주역』이라 하는 것처럼 『서경』을 『상서』라고 합니다. 요순우탕에서 문무주공의 주나라 때까지의 일이 기록되어 있어 『상서』는 중국 고대사의 중요한 자료가 되며, 여기에 기록된 기간도 실로 엄청납니다. 그 이야기를 다 할 수는 없기에 『상서』에 나오는 딱 한 가지 이야기를 하려고 합니다. 그것은 바로 혁명입니다.

이제 혁명을 결심할 때가 왔습니다. 이전의 나와 달라지지 않는다면 역시 불안한 일상을 계속할 수밖에 없을 테니까요. 혁명에는 전복의 개념이 들어갑니다. 지배자와 피지배자의 자리가 전복됩니다. 그냥 바꾸는 것이 아니라 근본 자체가 뒤집혀버립니다. 그렇다면 우리의 혁명에도 이전의 나를 새로운 나로 바꾸는 전복이 필요할 것입니다.

현실에서의 혁명에는 피가 흐릅니다. 전복하고자 하는 자와 유지하려는 자는 목숨을 걸고 싸웁니다. 그 희생과 치열함이 있지 않고는 혁명을 이룰 수 없기 때문입니다. 인문학적 혁명도 다르지 않습니다. 피를 흘리지 않아도 치열함은 전쟁과 같고 파괴는 기존의 사상을 폐허로 만듭니다. 그리고 그 새로운 사상이 현실 혁명의 근거가 되기도 합니다.

대표적인 예가 마르크스의 『자본론』입니다. 중국의 마오쩌둥(毛澤東), 저우언라이(周恩來), 덩샤오핑(鄧小平), 인도를 건국한 네루Nehru, 베트남의 호찌민(胡志明)은 마르크스와 레닌의 사상을 배운 사회주의자였습니다. 인문학적 혁명은 현실의 혁명이 되었고 새로운 사회를 열었습니다. 니체는 신을 죽여 절대 가치를 해체했고 밀Mill은 자유를 부르짖었습니다. 소크라테스는 그의 사상으로 독배를 마시고 죽었습니다. 스승의 죽음을 목도한 플라톤은 당시의 타락한 정치체제를 부정하고 새로운 이상 국가를 세우기 위해 『국가』에서 철인정치론을 펼쳤습니다.

생각의 혁명은 곧 현실에 대한 창조적 파괴입니다. 지금 존재하는 모든 것을 단지 부정하는 것은 혁명이라고 할 수 없습니다. 창조적 파괴란 단순한 부너뜨림이 아닙니다. 파괴할 수 있는 논리의 힘과 파괴된 그 자리에 또 다른 생각을 세울 수 있는 힘이 수반될 때 이룰 수 있는 것입니다.

최초의 혁명선언문

우왕이 세운 중국 최초의 국가 하나라는 걸왕桀王에 이르렀을 때 탕왕에게 멸망당합니다. 탕왕은 상나라를

파괴된 자리에 무엇을 세울지 고민하라. 그것이 없으면 정당성은 사라진다.

세웠지만 역시 주왕紂王을 끝으로 무왕에 의해 역사 속으로 사라집니다. 하나라와 상나라의 마지막 두 왕을 합쳐 역사에서는 '걸주桀紂'라 합니다. 걸주는 중국 역사상 최악의 폭군을 일컫는 대명사가 됩니다.

걸과 주에게는 두 가지 공통점이 있었습니다. 주지육림酒池肉林과 여자입니다. 『십팔사략十八史略』을 편찬한 원나라의 증선지曾先之는 당시 상황을 "고기를 산처럼 쌓아두고 포는 나무에 걸었으며 술로 만든 못에는 배를 띄울 수 있을 정도였다."고 묘사합니다. 술이 못을 이루고 고기가 숲을 이룰 정도로 방탕하고 사치스러운 생활을 했던 것입니다.

걸에게는 말희라는 여자가 있었습니다. 주지육림을 만든 장본인이 말희라고 합니다. 하지만 말희도 못 따라갈 사람이 있었으니 주의 여자인 달기였습니다. 잔인한 달기는 죄인에게 기름을 바른 구리기둥 다리를 걷게 했습니다. 그 밑에는 숯불이 활활 타오르고 있었지요. 기름에 미끄러지면 불타 죽어야 했습니다. 달기는 사람의 심장을 먹기도 했습니다. 충신 비간의 심장을 먹으면 자신이 앓고 있는 심장병이 나을 수 있다고 왕을 꼬드겼지요.

이제 혁명은 피할 수 없는 일이 되었습니다. 하지만 상나라를 무너뜨린 자리에 무엇을 세울 수 있을까요? 그것이 없으면 정당성은 사라집니

154

다. 새로운 시대를 여는 것이 아니라 기존의 시대가 다른 사람들로 대체될 뿐입니다.

『상서』에 보면 커다란 약속 또는 굳은 약속이라고 해석되는 「태서편泰誓篇」이 있습니다. 여기서 상나라를 치러 가던 주나라 무왕은 맹진 나루터에 이릅니다. 그리고 걸음을 멈추고 제후들과 병사들에게 자신이 왜 상나라 주왕을 멸하러 가는지를 천명합니다.

> 우리 우방友邦의 총군冢君들과 나의 관원들이여. 나의 말을 들어라. 하늘과 땅은 만물의 부모요, 사람은 만물의 영장이다. 진실로 총명하면 천자天子가 될 수 있고, 천자는 백성들의 부모가 되는 것이다.
> 지금 상나라 왕 수受(주왕의 이름)는 위로 하늘을 공경하지 않고 아래로 백성에게 재앙을 주고 있다. 술과 여색에 빠져 포악한 일을 서슴지 않는다. 사람을 처벌함에 가족에게까지 미치게 하고 벼슬을 줌에 그 후손에게까지 물려진다. 오직 궁실과 누대와 정자와 연못과 사치한 의복으로 만백성들을 잔학하게 해하고 있다. 충신과 어진 사람을 불태워 죽이고 아이 밴 부인의 배를 갈랐다.

주나라 무왕은 이처럼 상나라 주왕의 포악함이 임계점에 올랐음을 말합니다. 그리하여 상나라를 멸하고 새로운 질서, 새로운 나라를 세우자고 합니다. 하지만 무왕의 혁명이 성공하기 위해서는 사상적 토대가 마련되어야 합니다. 상나라의 질서를 무너뜨릴 수 있는 논리가 없다면 혁명은 해프닝으로 끝날지 모릅니다.

　가치의 전복에 기초하지 않은 형식의 전복은 오래갈 수 없습니다. 무왕은 그것을 이야기했습니다. 그 단서는 무왕이 말한 첫 번째 단락에 있습니다. '진실로 총명하면 천자가 될 수 있다.' 천자는 하늘이 내리는 것이 아니라 그 사람에 달려 있음을 무왕은 말합니다. 하지만 어딘가 부족합니다. 더 정교한 논리가 있어야만 합니다. 그것은 하나의 담론이어야 합니다. 그리고 무왕은 마지막에 새로운 인문학적 명제를 제시합니다.

　　하늘이 보는 것은 백성들이 보는 것을 따르고 하늘이 듣는 것은 백성들이 듣는 것을 따른다.

　이 한마디에 상나라를 전복시키려는 무왕의 새로운 질서가 녹아 있습니다. 상나라의 왕은 누구입니까? 하늘의 명, 즉 천명을 받은 자입니다. 천명을 받은 자를 인간은 처벌할 수 없습니다. 그렇다면 방법은 하나, 가치를 전복시켜야 합니다.

상나라의 질서	주나라의 질서
天　하늘이	天　하늘을 받들어
↓	↓　〈天命〉
王　왕에게 명을 내려〈天命〉	王　다스림
↓	↑
民　백성을 다스림	民　백성을 근본으로 〈民＝天〉

무왕은 하늘의 마음이 백성에게 있음을 밝힌 것입니다. 민심은 천심이라는 말이지요. 백성을 잔학하게 해하는 상나라 왕은 천심을 잃어버렸습니다. 이는 상나라를 벌할 근거이자 이후 역사에서 벌어질 역성혁명의 토대가 됩니다. 뒤에 이와 비슷한 논리의 사회계약설 이야기가 나옵니다. 하지만 그 이야기와 이 이야기는 다른 결을 가지고 있습니다. 후에 보면 아시겠지요.

코페르니쿠스적 변혁

무왕이 상나라 주왕을 벌하고 주나라를 세운 것을 일컬어 '무왕벌주武王伐紂'라고 합니다. 무왕벌주가 반역이

공전만 하지 말고 자전을 해보자. 곧 내가 중심이 된다는 말이다.

나 찬탈이 아닌 혁명이 된 이유는 새로운 질서를 상정했기 때문입니다. 민심이 천심을 대치하는 이 사건은 인문학적으로 대단히 중요한 의미를 지닙니다. 천명만 받는 수동적 인간에서 사람의 뜻이 천명이 되는 쪽으로 인간 의지의 능동적 전환이 일어나기 때문입니다.

수동과 능동이라는 이 명제를 이야기하기 위해 우리는 참 길게 날려왔습니다. 이 시대를 사는 우리가 자신을 돌아보고 해야 할 일 중 하나가 바로 수동적 자아의 능동적 전환입니다. 이는 세계관의 전환이며 다른 말로 하면 코페르니쿠스적 전환입니다.

문제는 우리가 자신을 중심이 아닌 주변으로 인식한다는 데 있습니

다. 내가 주인이 아니라 상대에 의해 결정되는 대상이 된 것입니다. 하지만 이제 바꿀 필요가 있지 않을까요? 공전만 하지 말고 자전을 해보자는 것이지요.

공전이란 지구가 태양 주위를 도는 것입니다. 자전은 지구가 스스로 회전하는 것이지요. 이 둘은 무척이나 다릅니다. 만일 지구가 나 자신이라면 어떨까요? 공전을 할 때는 중심이 내가 아니라 태양입니다. 그러나 자전에서 중심축은 지구 자체에 있습니다. 내가 중심이 된다는 말입니다.

수동적인 존재는 늘 외부에서 평계를 찾습니다. 자신은 주변부에서 하라는 대로 하기만 하는 존재니까요. 늘 끌려다니게 되죠. 하지만 중심이 내가 되면 상황은 180도 달라집니다. 내가 중심이기에 변화는 나로부터 이루어집니다. 나의 변화에 따라 세상도 변하게 됩니다. 하지만 이것이 독선과 아집을 의미하는 것은 아닙니다. 자신을 잃지 말라는 것입니다.

우리가 사는 세상에는 공전과 자전이 모두 필요합니다. 문제는 어느 한쪽으로 치우치는 경우입니다. 지구는 공전 중에도 자전을 멈추지 않습니다. 하지만 우리는 자전을 멈춘 채 공전만 하고 있었는지도 모릅니다. 이제는 자전을 할 때입니다. 나로 인한 변화, 그것을 시작할 때입니다. 그것이 우리가 지금 해야 할 생존의 혁명입니다.

3부

무엇으로
버틸 것인가

계단의 처음과 끝을 다 보려고 하지 마라.
그냥 발을 내디뎌라.

_마틴 루서 킹 Martin Luther King

1장

용기
두려움, 그건 아무것도 아니다

— 맹자, 『맹자』

우산의 나무는 어디로 갔을까?

> 당장의 현실이 나를 옥죈다고
> 해서 싹을 소진해버리고 있진
> 않은가?

　　본래 그랬던 것은 하나밖에 없습니다. 적어도 맹자에게는 그렇습니다. 그것은 본성本性이라는 것입니다.

맹자는 우리의 본성이 선善하다고 합니다. 본래 그랬으나 그렇지 않게 되었으니 다시 그것을 찾으라고 합니다. 그런데 선했던 우리는 왜 여기까지 오게 되었을까요? 지금은 외부에서 문제를 찾지 않으려 합니다. 시작은 바로 내면, 다른 무엇이 아니라 나로부터입니다.

　우산牛山이라는 산이 있었습니다. 푸르고 울창하여 아름다웠습니다. 하지만 변변한 나무 하나 없이 붉은 속살을 그대로 드러내고 있는 민둥산이 되어버렸습니다.

우산의 나무는 아름다웠다. 그런데 우산은 큰 나라의 교외에 있는 관계로 도끼로 그 나무들을 찍어냈으니 아름다워질 수 있겠는가? 밤낮으로 자라나고 비와 이슬의 윤택함을 받아 싹이 돋는 일이 없지는 않았지만 소와 양을 끌어다가 그것이 자라는 족족 먹이곤 했다. 그래서 저렇게 밋밋한 것이다. 사람들은 그 밋밋함을 보고 거기에는 재목이 있어본 일이 없었다고 생각한다. 그것이 어찌 산의 본성이겠는가? 사람 안에 들어 있는 본성인들 어찌 인의를 따르는 마음이 없겠는가? 본래의 마음을 베어버리는 일은 또한 도끼로 나무를 다루는 것과 같으므로 매일매일 찍어내는데 아름다워질 수 있겠는가?

– 『맹자』「고자장구告子章句 상」

우산은 우리 자신입니다. 우리는 아름다웠습니다. 하지만 우리가 가진 좋은 것들을 찍어내니 그것들이 남아나지 않았습니다. 시간이 지나 얼마간 싹이 자라면 또 가축을 끌어다 족족 먹여 없앴습니다. 조금만 참고 조금만 더 기다렸으면 우산은 더 큰 초목으로 뒤덮였을 것입니다. 하지만 그러지 못했습니다.

이 시대는 모든 게 빨라야 하니까요. 미래가 아닌 지금 당장의 현실이 나를 옥죄고 있으니까요. 그래서 있는 나무를 자르고, 채 자라지도 않은 풀을 먹이고 말았습니다. 그렇게 나는 '본래 그랬던 나', '내가 상상했던 나'가 아닌 황폐한 민둥산이 되고 말았습니다.

도데Daudet의 단편 중에 「황금 뇌를 가진 사나이」라는 작품이 있습니다. 그렇습니다. 이 사나이는 황금으로 된 머리를 가지고 태어났습니다. 그래서 일을 할 필요가 없었습니다. 머리를 조금씩 떼어내면 필요한 것을 얻을 수 있었으니까요. 하지만 그때마다 뇌는 점점 줄어갔습니다. 그리고 머리의 마지막 황금을 떼어내자 죽고 말았습니다. 마치 우산이 민둥산이 된 것처럼 말입니다.

1부에서 생존팩과 프레퍼족을 이야기하며 훌륭한 지하 벙커를 가지고 있어도 그곳에 있는 것을 다 쓰고 나면 남는 것이 아무것도 없다고 말한 바 있습니다. 처음에는 풍족하고 안락한 곳에서 시작할지 모르지만 먹을 것을 다 먹고 나면 굶어야 합니다. 연료가 떨어지면 추위에 떨어야 합니다. 아무리 훌륭한 시설도 더 이상 움직이지 않을 테니까요. 황금 뇌를 다 쓰고 나면 그렇게 됩니다. 우산의 나무를 다 베고 싹까지 먹여버리고 나면 그런 상황을 맞게 됩니다.

황금 뇌나 우산의 나무를 우리가 가진 열정이나 재능이라고 생각해볼 수 있습니다. 그 소중한 것을 소진하고 잃어가며 우리는 살고 있지 않은가요? 무엇을 얻기 위해서는 그만한 노력을 해야 합니다.

전쟁이 끝난 우리의 산하에 나무 한 그루, 풀 한 포기라도 제대로 남아 있었겠습니까? 타고 베어져 벌거벗은 산늘이 지금은 푸르디푸른 옷을 입고 있습니다. 푸른 산을 만들기 위해 사람들은 부단한 노력을 했습니다. 그리고 결국 산은 변했습니다. 산은 변할 수 있습니다. 우리도 변할 수 있습니다.

이러한 내용을 받아들이지 못하겠다고요? 그럴 수 있습니다. 실제 맹자와 반대로 말한 사람도 있고요. 순자는 맹자와 반대로 우리의 본성이 악惡하다 했고, 고자는 우리의 본성에 선함도 악함도 없다고 했습니다. 이들이 주장하는 것은 하나입니다. 악하지만 변할 수 있다는 것, 선도 없고 악도 없었으니 하고자 하는 바에 따라 선해질 수도 악해질 수도 있다는 것입니다. 이 역시 우리가 변화할 수 있다는 것입니다. 여기는 인간 본성의 선악善惡을 가리는 자리가 아닙니다. 지금 우리는 나를 바꿀 수 있느냐 없느냐, 이것에 대해 이야기하고 있습니다. 선하든 악하든 한가지는 분명합니다. 바뀔 수 있다는 것, 그러니 시도할 수 있다는 것입니다.

역경은 때로 긍정으로 역전된다

어렵지요. 힘이 들지요. 그러나 그래서 다행입니다. 어렵고 힘듦을 아는 것도 변화의 시작이니까요. 그리고

> 스스로 반성하여 내가 옳다면 아무리 천만인일지라도 나는 가서 그들과 대적하겠다.

그것은 아직 황금 뇌를 다 쓰지 않았다는 것을, 우산의 나무를 모두 베어버리지 않았다는 것을 의미합니다. 씨앗이 있으면 작물을 다시 심을 수 있고 죽지 않았으면 할 수 있는 일이 있습니다. 중요한 것은 그것을 깨닫는 것입니다. 맹자는 이렇게 말합니다.

사람은 항상 잘못을 저지른 후에야 능히 고칠 수 있는 법이니 마음이 괴롭

고 계획이 어긋난 뒤에야 분발하고 표정으로 나타내고 소리를 낸 뒤에라야 깨닫게 된다.

-「고자장구 하」

'후회는 아무리 빨라도 늦다.'는 말이 있습니다. 후회할 때는 이미 잘못된 후니까 그런 것이겠죠. 그런데 여기에는 긍정과 부정의 의미가 동시에 녹아 있습니다. 먼저 부정의 의미를 말해보지요. 후회할 때는 무언가가 이미 잘못되어 있는 상태입니다. 그래서 후회합니다. 그런데 여기서 그치면 후회는 그저 후회일 뿐입니다. 우리는 이 부정의 의미를 긍정으로 전환해야 합니다.

시작점은 부정의 의미와 같습니다. 잘못되어 있는 것입니다. 그런데 잘못되었다고 그대로 놓아둘 것인가요? 어차피 그렇게 됐으니까 계속 황금 뇌를 떼어내야 하나요? 나무를 베고 풀을 없애야 하나요? 아닙니다. 긍정은 그것을 바꾸어놓으려는 마음에서 시작됩니다. 다행인 것은 이미 후회를 했기 때문에 그것을 바꾸기 위해서는 더 많은 시간과 노력을 들여야 한다는 점을 인식하고 있다는 사실이지요. 대충 해서 되지 않는다는 것을 알고 있습니다. 후회의 긍정적 의미란 후회하지 않으면 바뀌는 것도 없다는 것입니다. 마치 잘못을 하지 않고는 고칠 수 없는 것과 마찬가지입니다.

공자는 『논어』 「위령공편衛靈公篇」에서 "과이불개過而不改 시위과의是謂過矣"라는 말을 합니다. 잘못을 하고도 고치지 않는 것, 그것이 바로 잘못이라는 뜻입니다. 이것이 바로 후회가 그저 후회가 되는 상황입니다.

잘못한 것을 고치려고 할 때 그것은 후회가 아니라 무엇을 할 수 있는 동기가 됩니다.

그리고 그것을 고치려는 마음, 그것이 용기입니다. 맹자는 용기의 표본입니다. 맹자는 많은 좌절을 겪었습니다. 세상을 돌아다니며 자신의 사상을 설파했지만 받아들여주는 이가 없었습니다. 하지만 그는 계속 자신의 길을 나아갔습니다. 공손추라는 사람이 맹자에게 용기가 무엇인지 물은 적이 있는데, 그때 맹자는 이렇게 답하였습니다.

네가 용기를 좋아하느냐? 내가 이전 스승인 공자에게 들으니 스스로 반성해서 옳지 못하면 비록 비루한 옷을 입은 천인에게도 두려워하지 않을 수 없지만, 스스로 반성하여 내가 옳다면 아무리 천만인일지라도 나는 가서 그들과 대적하겠다고 하셨다.

– 『맹자』 「공손추장구公孫丑章句 상」

천만인도 두려워하지 않는 용기는 어디서 나올까요? 맹자는 그 전제를 이야기합니다. "스스로 반성하여 내가 옳다면"이라는 전제가 있었기에 맹자는 두려움이 없는 것입니다. "스스로 반성해서 옳지 못하면" 비천한 사람에게도 두려움을 가질 수밖에 없다고 말하지요. '스스로 반성해서 옳은가, 옳지 않은가?' 그것을 후회와 잘못으로 치환할 수 있습니다. 후회하며 부끄러움을 느끼는 것은 옳은 것입니다. 그 옳은 것을 통해 바꾸려 하기 때문에 용기를 가질 수 있습니다.

맹자는 참 거침없는 사람입니다. 왕에게도 전혀 굽히지 않고 할 말을 다 합니다. 그 바탕은 용기입니다. 맹자 자신이 반성하여 옳은 길을 가고 있기 때문입니다. 맹자가 양혜왕을 만났을 때의 일입니다.

"왕의 신하 중에 자기 아내와 자식을 그의 벗에게 부탁하고 초나라로 가서 머물던 사람이 있다고 합시다. 그 사람이 돌아와 본즉 자기 아내와 자식이 추위와 굶주림에 떨고 있다면 어떻게 하겠나이까?"

"절교하지요."

"전국의 감옥과 재판을 맡아보는 관리인 사사士師가 그 부하들을 다스리지 못한다면 어떻게 하겠나이까?"

"파면시키지요."

"사방의 국경 안이 다스려지지 않으면 어떻게 하겠나이까?"

맹자의 마지막 질문에 왕은 고개를 돌리고 맙니다. 이것은 맹자가 왕에게 던지는 거침없는 질문이자 질책입니다. 맹자는 다른 언어로도 물어봅니다. "몽둥이로 사람을 죽이는 것과 칼로 사람을 죽이는 것이 다릅니까?" 왕은 아니라고 합니다. 그 말을 들은 맹자는 다시 왕에게 묻습니다. "칼로 사람을 죽이는 것과 정치를 잘못해서 죽이는 것이 다릅니까?"

다르지 않을 것입니다. 하지만 그런 말을 하면 맹자가 죽을지도 모릅니다. 그런데도 맹자는 그 말을 합니다. 두려움과 어려움이 있어도 그것을 해나가는 것, 그것이 바로 용기입니다. 우리가 이 시대를 헤쳐나가는 데 반드시 필요한 것 역시 용기입니다.

이겨내는 힘, 용기

용기가 꼭 맹자처럼 거침없는 것만은 아닙니다. 고난을 이겨내는 힘도 용기입니다. 새로움을 얻기 위해서

하늘에서 사람에게 큰일을 맡기는 명을 내림에 반드시 먼저 그들의 심지를 괴롭힌다.

는 기나긴 터널을 지나야 합니다. 영어 단어 하나를 외우기 위해서도 노력을 해야 합니다. 한 번 보고 들었다고 절로 외워지는 것이 아닙니다. 하물며 이전과 다른 생각으로 새로운 영역에 진입하려고 하는데, 어찌 어려움이 없겠습니까? 하지만 그것은 통과의례입니다. 다리의 근육이 터질 것 같고 차오른 숨에 목이 턱턱 막히는 과정을 거치지 않으면 지금보다 더 빨리 달릴 수 없습니다. 그 과정을 통해 우리는 전보다 더 빠르고 멀리 달릴 수 있는 것입니다.

중국에서 태평성대를 열고 성군의 표상으로 일컬어진 순임금은 농사꾼이었습니다. 밭 가운데서 등용되어 임금이 되었습니다. 성을 쌓는 건설 노동자였던 부열은 공사판에서 등용되어 은나라의 재상이 되었습니다. 우정의 대명사인 관포지교管鮑之交의 주인공 관중은 감옥살이를 했지만 제나라의 재상이 되었습니다.

등용되기 이전 그들은 터널 속에 있었습니다. 하지만 터널을 건넜기에 햇빛을 볼 수 있었습니다. 그리고 그 햇빛은 전과 다르게 찬란했습니다. 맹자는 그 터널이 있었기에 다음이 있다고 말합니다.

하늘에서 사람에게 큰일을 맡기는 명을 내림에 반드시 먼저 그들의 심지

를 괴롭히고, 그들의 근육을 수고롭게 하고, 그들의 육체를 굶주리게 하고, 그들 자신에게 아무것도 없게 해서 그들이 하는 것이 그들이 해야 할 일과는 어긋나게 만드니, 그것은 마음을 움직이고 자신의 성질을 참아서 그들이 해내지 못했던 일을 더 많이 할 수 있게 해주기 위해서다.

　－「고자장구 하」

자, 이제 우리는 선택해야 합니다. 시대에 눌려 무엇이 무엇인지도 모르고 살 것인가, 아니면 나를 믿고 용기로 두려움을 떨치고 나갈 것인가.

　　물고기는 내가 바라는 바다. 곰 발바닥도 내가 바라는 바다. 그러나 이 두 가지를 다 할 수 없다면 물고기를 버리고 곰 발바닥을 취하리라. 사는 것은 내가 바라는 바요, 의義 또한 내가 바라는 바다. 그러나 이 두 가지를 함께 얻을 수 없기에 사는 것을 버리고 의를 취하리라. 사는 것보다 더 깊이 바라는 바가 있기에 구차히 삶을 얻으려 하지 않는다. 죽는 것은 내가 싫어하는 바이지만 죽는 것보다 더 싫어하는 것이 있기에 환난患難을 피하지 않는 것이다.

　－「고자장구 상」

맹자는 처음 '웅장여어熊掌與魚'를 이야기합니다. 내 앞에 곰 발바닥과 물고기 요리가 놓여 있습니다. 그러나 두 가지를 함께 얻을 수는 없습니다. 최고의 요리 두 가지가 놓여 있지만 하나만 선택해야 합니다. 나는 어떤 선택을 할까요? 어쩔 수 없습니다. 하나는 포기해야 합니다. 그렇다면 더 좋아하는 요리, 더 먹고 싶은 것을 선택하게 되겠죠. 맹자는 그 어려운 선택을 이야기합니다. 맹자는 사는 것을 좋아합니다. 하지만 사는 것보다 더 좋은 것이 있습니다. 그래서 사는 것을 버리고 더 좋아하는 의로움을 선택합니다. 맹자는 죽는 것을 싫어합니다. 하지만 죽는 것보다 더 싫어하는 것이 있기에 차라리 죽음을 택하는 것입니다.

곰 발바닥과 물고기가 우리 앞에 놓여 있습니다. 힘들고 어렵지만 내 삶을 개척하는 생존팩을 싸겠습니까, 아니면 비록 구차하다 할지라도 미약한 편안을 위해 연명하는 삶을 택할 것입니까?

생존팩을 꾸리겠다고 마음먹었다면 '용기'를 넣으십시오. 그것이 더 좋아하는 것이면 좋겠습니다.

2장

사랑
나와 내가 가진 것

– 양주의 위아주의

이 사랑

이 사랑은 / 이토록 사납고 / 이토록 연

약하고 / 이토록 부드럽고 / 이토록 절망

한 / 이 사랑은 / 대낮같이 아름답고 / 날

> **생존을 위한
> 사랑은 다른 누구도 아닌
> 나를 위한 사랑이다.**

씨처럼 나쁜 사랑은 / 날씨가 나쁠 때 / 이토록 진실한 이 사랑은 / 이토록 아

름다운 이 사랑은 / 이토록 행복히고 / 이토록 즐겁고 / 또 이토록 덧없어

　…

우리들의 사랑은 여기 고스란히 / 멍텅구리처럼 고집 세고 / 욕망처럼 피 끓

고 / 기억처럼 잔인하고 / 회한처럼 어리석고 / 대리석처럼 차디차고 / 대낮

처럼 아름답고 / 어린애처럼 연약하여 / 웃음 지으며 우리를 바라본다 / 아

무 말 없이도 우리에게 말한다

...

우리에게 손 내밀고 / 우리를 구원하여라.

이 사랑. 이것이 이 시의 제목입니다. 프랑스 시인 프레베르Prévert의 사랑은 다른 무엇도 아닌 '이 사랑'입니다. 모든 감정과 모든 시간과 모든 공간이 들어 있는 그런 사랑이 있습니다. 모든 것을 멈추게 하고 모든 것을 부질없이 만들고 다시 모든 것을 흐르게 하는 그런 것이 또 사랑입니다.

하지만 사랑이 무엇이냐고 묻는다면 솔직히 잘 모르겠습니다. 남녀 간의 사랑이라고 알려진 에로스eros, 친구와의 우정과도 같은 스트로게 stroge, 정신적 사랑을 이르는 플라토닉러브platonic love, 우리말의 정情이라고 일컬을 수 있는 필리아philia, 이 밖에 하나님의 인류에 대한 무조건적이고 절대적인 사랑을 의미하는 아가페agapé도 있고, 불교의 자비도 사랑이라 할 수 있습니다. 자비慈悲는 '자慈'와 '비悲'로 이루어집니다. 자는 사랑하는 마음으로 중생에게 기쁨을 주는 것이고 비는 긍휼히 여기는 마음으로 고통을 없애주는 사랑입니다. 기쁨을 주고 고통을 없애주는 사랑인 자비. 하지만 자비는 철저히 자기를 버릴 때만 가능한 사랑입니다.

유가의 인仁도 사랑으로 이야기할 수 있습니다. 인은 사람이 마땅히 해야 할 도리가 모두 녹아 있는 총체적인 개념입니다. 그곳에 사랑이 없을 수 없겠죠. 부모를 사랑하는 마음은 효孝입니다. 부모가 자식을 사랑하면 자慈, 다른 사람의 부모를 사랑하면 제悌가 됩니다. 설사 인을 사랑이라고 할 수는 없다 해도 사랑으로 인을 이야기할 수는 있습니다. 사람의 도를 구현한 것이 인이기 때문에 공자는 자신을 포함한 누구에게도 인하다고 하지 않았습니다. 인은 이상의 경지 같은 것이니까요.

사랑은 우리가 생존팩에 꼭 담아야 할 생각입니다. 그런데 공자와 그의 제자들도 하지 못했다는 인을 지금 실천할 수 있을까요? 성불하지 못한 우리가 부처의 대자대비를 베풀 수 있을까요? 절대적이고 무조건적인 사랑을 할 수 있을까요? 그럼 우리는 어떤 사랑을 해야 할까요? 생존을 위한 '이 사랑'은 과연 무엇이어야 할까요? 당을 떨어뜨리지 않도록 하는 포도당이 되어줄 사랑은 무엇일까요? 우리는 지금 난관에 부딪혔습니다.

그래서 철저히 이기적이 되어보려 합니다. 다른 누구도 아닌 스스로에게 사랑을 국한시켜보려 합니다. 살아야 하니까요. 버텨야 다른 사랑도 할 수 있으니까요. 이 생존팩에는 이기적인 사랑을 넣을 것입니다.

나를 향한 사랑

사랑이 상대가 아니라 나를 향하면 '자기애'라는 말을 합니다. 흔히 나르시시즘narcissism이라고 하는 것입니다. 나르시시즘은 자기애라는 말 그대로 자신을 사랑하는 것이지만 조금 다른 개념을 포함합니다. 자아도취

내가 가진 것을 경시하지 말라. 값비싸고 진귀하지 않더라도 결국 나는 그것으로 살아간다.

이지요. 도취가 되기 위해서는 뛰어나야 합니다. 내가 남보다 훨씬 뛰어나기 때문에 다른 사람이 아닌 나만을 사랑할 수밖에 없는 것이지요.

그런데 이 나르시시즘으로 우리가 이 사회에서 살아남을 수 있을까요? 나르시시즘이라는 용어를 만든 그리스신화 속 나르키소스Narcissos는 샘에 비친 자신을 사랑하여 샘에 빠져 죽고 말았는데, 우리가 나르시시즘을 생존팩에 넣을 수 있을까요? 우리는 좀 더 다른 이기적인 사랑을 찾아야 합니다.

중국 전국시대에 양주楊朱라는 학자가 있었습니다. 그런데 양주에 대한 정보는 『열자列子』에 조금 언급되었을 뿐 알려진 것이 없습니다. 이제부터 베일에 가려진 양주의 사랑을 추적해보려 합니다.

양주를 언급한 사람이 한 명 더 있습니다. 맹자입니다. 그런데 맹자는 양주를 좋아하지 않았습니다. 좋아하지 않는 정도가 아니라 미워하고 경멸하여 양주를 천하의 악적이라고까지 했습니다. 맹자는 왜 양주가 세상을 어지럽힌다고 생각했을까요? 맹자가 느끼는 양주는 단 한마디로 정리됩니다. '위아주의爲我主義'입니다. 아, 맹자가 싫어한 인물이 한 명 더 있습니다. 묵가의 시조인 묵적墨翟입니다. 묵적은 양주와는 반대로 차별 없는 사랑인 겸애兼愛를 주장했습니다.

맹자는 자신을 사랑하는 것도 싫고 차별 없이 사랑하는 것도 싫다는 것이었습니다. 도대체 왜 그러는 걸까요? 그것은 앞서 이야기한 인에 실마리가 있습니다. 유가의 기본 개념은 확장입니다. 내 부모를 사랑하는 마음으로 다른 이의 부모를 사랑하고, 내 형제를 사랑하는 마음으로 윗사람과 아랫사람을 사랑합니다. 하지만 그것은 확장일 뿐 내 부모와 형제에 대한 사랑을 뛰어넘을 수 없습니다. 그런데 묵적처럼 차별 없이 사랑한다면 내 부모와 다른 사람의 부모를 동등하게 사랑하게 됩니다. 그런 일은 있을 수 없습니다. 또 양주처럼 자신만을 사랑하고 다른 사람을 사랑하지 않으면 세상이 어떻게 될까요? 이 때문에 맹자는 양주와 묵적의 사랑이 사람을 짐승으로 만들어버린다고 생각했습니다.

양주는 자신의 정강이에 난 털 한 올을 뽑아 세상이 이로워진다 하여도 그러지 않겠다고 했습니다. 털 하나 뽑는 것으로 세상이 이로워진다는데도 그걸 안 하겠다고 한 사람이 양주입니다. 그런데 우리는 왜 이런 극단적 이기주의자의 자기애를 생존팩에 담으려는 것일까요?

다르게 보아야지요. 그래야 살 길이 열리니까요. 이제부터 양주의 위아주의를 달리 해석해보겠습니다. 정강이에 난 털 하나는 아무것도 아닙니다. 머리카락 한 올 빠지는 게 뭐 그리 대수로운 일이겠습니까. 그런데 머리카락이 뭉텅이로 빠져도 아무렇지 않을 수 있을까요?

다른 사람을 위해 헌혈을 합니다. 그런데 과다 출혈에 따른 쇼크사가 올 정도로 피를 내놓을 수 있을까요? 헌혈은 생활에 지장이 없을 정도의 피를 나누는 것입니다. 한 올의 털, 한 방울의 피는 아무렇지 않을 수 있지만 그것이 많아지면 커다란 일이 되고 맙니다.

양주는 부분을 전체로 생각했을지도 모릅니다. 정강이에 난 털 하나가 응축된 자신의 모습이라면 털 하나도 쉽게 뽑을 수 없을 것입니다. 또한 세상이 이로워지기 위해서 꼭 무언가의 희생이 있어야만 하는 것은 아닙니다. 털 한 올의 희생도 필요하지 않는 세상이 더 좋은 세상 아닐까요?

양주의 자기애를 생존팩에 넣으려 하는 것은 나를 보잘것없게 여기지 말고 내가 가진 것을 경시하지 말라는 의미입니다. 털 한 올이라면 뽑아 주어야지요. 하지만 그것이 하찮기 때문에 주는 것이 아닙니다. 그건 나의 소중한 부분입니다. 내가 가진 것도 마찬가지입니다. 비록 값비싸고 진귀하지 않더라도 나는 그것으로 살아갑니다.

『여씨춘추呂氏春秋』에 이런 이야기가 있습니다. 옥은 중국의 곤산 것이 유명했고 야광주는 장강과 한수의 것을 귀하게 쳤습니다. 하지만 사람들은 곤산의 옥과 장강과 한수의 야광주를 아끼지 않았습니다. 그것은 비싸고 귀하지만 자신의 것이 아니기 때문이었습니다. 다른 사람 집에 금송아지가 있다 해도 그것은 내 것이 아닙니다. 그렇기 때문에 쓸 수가 없습니다. 하지만 내게 있는 것은 내가 쓸 수 있습니다. 그것으로 다른 것을 만들 수 있습니다. 하지만 남보다 귀하지 않은 것을 가지고 있다 해서 그것을 내팽개치면 아무것도 할 수 없습니다. 그래서 내가 가진 것을 사랑해야 한다고 말하는 것입니다.

사랑이라는 긍정

나를 사랑하지 않는 사람은 다른 사람을 사랑할 수 없을 것입니다. 내가 누구를 사랑할 수 있는 존재가 되지

가난과 초췌를 구별하라.
존귀한 사람은 스스로
존귀해지려고 한다.

못한다고 여기는데 어떻게 다른 사람을 사랑할 수 있을까요? 아무리 하

찮다 해도 내가 가진 것을 사랑하지 않는데 어떻게 그것에서 새로운 쓰임을 발견할 수 있을까요? 다르게 보고 다르게 생각하는 것은 관심에서 시작됩니다.

정조 때의 문장가 유한준은 김광국의 화첩 『석농화원石農畵苑』의 발문에 "알면 사랑하게 되고 사랑하면 참으로 보게 되고 볼 줄 알게 되면 모으게 되니 그것은 한갓 모으는 것이 아니다."라고 했습니다. 이 말을 『나의 문화유산 답사기』에서 유홍준 교수는 "사랑하면 알게 되고 알면 보이나니 그때 보이는 것은 전과 같지 않으리라."라고 바꾸었죠. 비록 시작은 '나'이지만, 나를 사랑하고 내가 가진 것을 사랑하고 그것을 확대하면 더 많은 사랑을 할 수 있게 될 것입니다. 그래서 우리가 해야 하는 것은 '나'의 긍정, 나에게의 관심, 나와 내가 가진 것에 대한 사랑입니다.

그 시작은 털 한 올입니다. 양주의 위아주의는 분명 지금 우리가 이야기하고 있는 사랑과는 차이가 있습니다. 하지만 우리는 그것에서 다른 것을 건져 올릴 수 있습니다. 그러면 됩니다. 꼭 그것이 아니어도 괜찮습니다.

잊지 마세요. 털 한 올도 소중한 나는 존귀한 사람입니다. 존귀한 사람은 스스로 손귀해지려고 합니다. 장자가 누덕누덕하고 거친 베옷에 삼으로 얽힌 신발을 신고 위나라 임금을 찾아갔습니다. 장자의 행색을 본 임금이 한마디를 합니다.

"어째서 선생의 몰골이 그토록 초췌하시오?"

장자가 말했다.

"가난한 것이지 초췌한 것이 아닙니다. 선비에게는 지녀야 할 도와 덕이 있는 법인데, 그것을 실행하지 못하는 것이 초췌한 것입니다. 옷이 해지고 신발에 구멍이 난 것은 가난한 것이지 초췌한 것이 아닙니다. 이것은 이른바 때를 만나지 못했다는 것입니다."

　－『장자』「산목山木」

　장자는 가난한 것과 초췌한 것을 구분합니다. 구멍 난 신발과 해진 옷은 그저 자신의 행색일 뿐 진정한 자신의 모습이 아닙니다. 그보다 중요한 것은 선비의 도와 덕을 실행하는 것입니다. 그것을 하지 못했을 때 장자는 초췌해진다고 말합니다. 우리는 '무엇을 가지고 있느냐?'는 질문에 내 몸과 주위를 훑어봅니다. 입은 것, 신은 것, 든 것, 사는 곳, 그런 것들만이 내가 가진 것이라고 생각하니까요.

　이 질문을 조금 바꾸어볼까요? '가진 그것이 무엇인가?' 내가 가진 것들을 초췌하다고 말할 수 있나요? 내가 가진 꿈, 열정, 사랑, 노력, 시간이 초췌한 것입니까? 아니겠지요. 우리의 사랑은 우리를 초췌하지 않게 하는 것입니다. 그것이 긍정으로 나를 사랑하는 것입니다.

3장

자유
가슴으로 가지는 그것

– 니코스 카잔차키스, 『그리스인 조르바』

자유로운 세상의 자유롭지 못한 영혼

우리에게는 많은 자유가 주어져
있습니다. 헌법에 따른 양심의 자유가
있고 종교의 자유가 있으며 언론·출

'하고 싶어서'와 '해야
하니까'의 작은 차이가 자유와
속박을 가르는 분기점이다.

판·집회·결사의 자유를 가지고 있습니다. 또한 학문과 예술의 자유도
가시고 있습니다. 하지만 우리는 자유롭지 못합니다. 할 자유가 있지만
그것을 하기 위해서는 먼저 해야 할 것이 많기 때문입니다. 자유로운 세
상에서 자유롭지 못한 역설의 사회를 우리는 살고 있습니다.

제게는 자전거가 한 대 있습니다. 몇 달 동안 아르바이트를 해서 겨
우 장만한 접이식 자전거입니다. 그 자전거를 사면서 저는 자유를 꿈꾸

었습니다. '기차에 자전거를 싣고 한적한 지방으로 가야지. 강가를 자전거로 거닐다 힘이 들면 접어 들고 버스를 타야지.' 자전거 한 대와 함께 방랑을 꿈꿨지요. 그리고 자전거에 이름을 붙여주었습니다. '조르바'라고요.

그리고 몇 년이 흘렀습니다. 하지만 자전거 조르바는 아직 한 번도 기차를 타보지 못했습니다. 한강변을 달리고 서울 시내를 몇 번 달린 게 고작이지요. 지금은 집 안 한쪽 구석에 먼지를 잔뜩 뒤집어쓴 채 서 있습니다.

왜 떠나지 못했을까요? 조르바라는 이름을 지어주고도 왜 그런 삶을 흉내조차 내지 못했을까요?

떠나자고 마음을 먹으면 그때부터 무언가가 저를 옥죄었습니다. '그래도 될까? 무슨 일이 생기면 어떻게 하지?' 저는 자유롭지 못했습니다. 아마도 그것을 알고 있었기에 조르바라는 이름을 붙였는지도 모릅니다. 그 이름을 붙인 것은 그렇게 하지 못할 것을 하고 싶다는 욕구의 발로였을 테니까요.

니코스 카잔차키스Nikos Kazantzakis의 소설 『그리스인 조르바』는 젊은 지식인 '나'가 화자인 작품입니다. 소설은 내가 카페에서 크레타 섬으로 가는 배를 기다리는 장면으로 시작됩니다. 그때 카페에서 뱃사람들의 이야기가 들립니다.

"산다는 게 감옥살이지."

카라괴즈 극장에서 개똥철학 나부랭이를 주위들은 턱석부리의 말입니다. 그 말에 누군가 대꾸합니다.

"암, 그것도 종신형이고말고, 빌어먹을."

『그리스인 조르바』에서 사람들은 종신형을 살고 있습니다. 『그리스인 조르바』는 1946년에 발표되었습니다. 밀이 1859년 『자유론』을 출간한 지 87년의 시간이 흐른 후입니다. 이미 밀은 『자유론』에서 개인의 자유에 대해 이렇게 이야기했습니다.

적어도 자유라고 불릴 만한 유일한 자유는 우리들이 다른 사람들의 자유를 빼앗지 않는 한, 또한 자유를 얻으려는 다른 사람들의 노력을 방해하지 않는 한 우리 자신이 좋아하는 방식으로 우리 자신의 행복을 추구하는 자유다.

자유, 평등, 박애를 기치로 내건 프랑스혁명도, 참혹했던 제2차 세계대전도 끝난 1946년에 사람들은 자유가 없는 빌어먹을 감옥살이를 하고 있었습니다. 그리고 또 60년이 지났지만 우리는 "빌어먹을."이라는 말에서 헤어나오지 못하고 있습니다. 그런데 조르바만 자유입니다. '나'에게 일거리를 달라며 조르바는 이야기합니다.

"당신이 바라는 만큼 일해주겠소. 거기 가면 나는 당신의 사람이니까. 하지만 산투르 말인데, 그건 달라요. 산투르는 짐승이오. 짐승에게는 자유가 있어야 해요. 제임베키코, 하사피코, 펜토잘리도 출 수 있소. 그러나 처음부터 분명히 말해두겠는데, 마음이 내켜야 해요. 분명히 해둡시다. 나한테 윽박지르면 그때는 끝장이에요. 결국 당신은 내가 인간이라는 걸 인정해야 한다 이겁니다."

"인간이라니 무슨 뜻이지요?"

"자유라는 거지!"

짐승에게는 자유가 있어야 하고 인간임을 인정한다는 것도 자유에서 비롯됩니다. 짐승은 하고 싶은 것을 합니다. 사람은 하고 싶은 것을 할까요? 사람은 속박되어 있습니다. 무엇에 속박되어 있을까요?

"'왜요'가 없으면 아무 짓도 못하는 건가요? 가령 하고 싶어서 한다면 안 됩니까?"

우리는 '왜'에 속박되어 있습니다. 조르바의 '왜'와 우리의 '왜'는 조금 다릅니다. 조르바의 '왜'는 하고 싶기 때문이지만 우리의 '왜'는 해야 하기 때문입니다. 조르바는 '왜'를 자신에게 묻고 우리는 '왜'를 제도와 당위에게 묻습니다. 이 작은 차이가 자유와 속박을 가르는 분기점입니다.

조르바가 아닌 조르바처럼

조르바는 매력적인 사람입니다.
무언가에 구애받지 않습니다. 그리고
솔직합니다. 여자라면 눈이 빨개지도록

*옳고 그름의 기준, 그것이 결국
자기 자신마저 삼켜버리고
말 것이다.*

울고 싶어질 정도가 됩니다. 그는 암양들을 한꺼번에 네댓 마리 해치운
가엾은 숫양이니까요. 하지만 그는 불한당입니다. 사기꾼이고 강도였고
살인자였습니다. 불가리아 마을에서 비정규군으로 활동하며 그리스인
교장을 살해한 신부의 멱을 따고 귀를 자르기도 했습니다.

> "나는 사람의 멱을 따고 마을에 불도 지르고 강도짓도 하고 강간도 하고
> 일가족을 몰살하기도 했습니다. 왜요? 불가리아 놈 아니면 터키 놈이기 때
> 문이지요. 요새 와서는 이 사람은 좋은 사람, 저 사람은 나쁜 놈 이런 식입니
> 다. 그리스인이든 불가리아인이든 터키인이든 상관하지 않습니다. 좋은 사
> 람이든 나쁜 놈이든 나는 그것들이 불쌍해요. 모두가 한가지입니다. 불쌍한
> 것! 우리는 모두 한 형제간이지. 모두가 구더기 밥이니까."

그런데 우리는 왜 소르바에게 매료당할까요? 우리가 가치 있다고 생
각하는 것에 속박당하지 않았기 때문입니다. 돈을 탕진해도 손가락질을
받아도 그는 울고 싶을 때 울고 춤추고 싶을 때 춤춥니다. 그가 그럴 수
있는 이유는 인위적인 테두리를 벗어났기 때문입니다. 좋은 사람, 나쁜
사람을 가르는 것은 인위적인 기준일 뿐입니다. 하지만 인간이라는 기

준을 적용하면 모두가 한가지입니다. 모두가 한가지로 불쌍한 것이죠. 모두 똑같이 구더기 밥이니까요.

조르바는 그렇게 하도록 만든 제도가 아니라 그렇게 하고 싶은 본질에 놓여 있습니다. 그는 머리로 이야기하지 않고 가슴으로 말합니다.

"그래요, 당신은 나를 그 잘난 머리로 이해합니다. 당신은 이렇게 말합니다. '이건 옳고 저건 그르다. 이건 진실이고 저건 아니다. 그 사람은 옳고, 딴 놈은 틀렸다.' 그래서 어떻게 된다는 겁니까? 당신이 그런 말을 할 때마다 나는 당신의 팔과 가슴을 봅니다. 팔과 가슴이 무슨 짓을 하고 있는지 아십니까? 침묵한다 이겁니다. 한 마디도 하지 않아요. 흡사 피 한 방울 흐르지 않는 것 같다 이겁니다. 그래, 무엇으로 이해한다는 건가요. 머리로? 웃기지 맙시다."

우리는 가르며 삽니다. 이것과 저것, 좋음과 나쁨, 해야 할 것과 하지 말아야 할 것. 그런데 이렇게 가르는 기준은 무엇일까요? 그 기준은 결코 절대적이지 않을 것입니다. 그러나 거기에 매몰되면 결국 그 기준이 자신을 먹어치우고 말 것입니다. 그래서 머리로는 이해하지만 가슴으로 받아들이지 못하고, 가슴으로 받아들이지 못했기에 진정으로 발산할 수 없는 것입니다.

우리가 조르바가 될 필요는 없습니다. 조르바의 자유는 조르바의 것입니다. 우리는 우리의 자유를 찾아야 합니다. 그것은 당위가 아니라 가슴, 그것을 해야 한다가 아니라 하고 싶다는 마음, 그래서 하게 되는 행동의 발산입니다.

미쳐야 미친다

조르바는 미친 사람입니다. 자
신에게 미쳐 있죠. 그래서 자신이 원하
는 바를 듣고 자신이 하고 싶은 바를 알

> 주체할 수 없는 절박함에
> 터져 나와 흐르는 무엇,
> 그것이 바로 미칠 자유다.

고 행합니다. 그래서 우리의 생존팩에 들어갈 자유는 미칠 자유입니다.
내가 원하는 것을 미치도록 하고 싶어 해서 하는 자유입니다.

살아야 하니까 사는 게 아닙니다. 미치도록 살고 싶어서 사는 것입니
다. 생존팩도 '꾸려야 하니까, 그게 좋다니까, 준비하지 않으면 낭패 볼
지 모르니까' 꾸리는 것이 아닙니다. 꾸리고 싶어서 꾸리는 것입니다.
여기서 시대의 문제, 사회의 문제는 한발 물리십시오. 그렇다면 그 슬픔
이 터져 나와 흘리는 눈물, 그 절박함이 몸을 움직이게 하는 행동, 그렇
게 하고 싶어서 하는 생존의 본능을 회복하는 것, 그것이 1차적인 자유
일 것입니다.

머리가 아니라 가슴으로 먼저 느끼는 생존, 남들이 미쳤다고 하거나
말거나 나의 목소리가 이끄는 대로 따라가는 과감함, 주위의 눈치를 보
지 않는 담대한 결정, 그것이 『자유론』에서 밀이 이야기한 것처럼 다른
사람이 자유를 얻으려는 노력을 방해하지 않으면서 우리 자신의 행복을
추구하는 자유입니다.

밀은 또 이런 말을 했지요. "다른 사람에게 내가 좋다고 생각하는 것을 강요하는 것보다 각자 스스로 좋다고 생각하는 바를 자유로이 행하게 하는 것이 인류 전체로 보아 얻는 바가 더 많은 것이다."

하고 싶은 것이 해야 되는 것이면 좋겠습니다. 쉽지 않다고 여길지 모르겠습니다. 그럼 먼저 가장 기본적인 것을 생각해보세요. 살고 싶잖아요. 행복해지고 싶잖아요. 그래서 하는 거잖아요. 그럼 하고 싶은 걸 하는 거예요. 그건 해야 되는 게 아니라 하고 싶어서 하는 것입니다.

4장

중심
잠시 기대는 것은
한발 더 가기 위해서다

― 공자, 『논어』

삶의 행로는 당연히 지그재그다

흔히들 이야기합니다. "새는 좌우의 날개로 난다."

하지만 좌우의 중심을 잡아줄 몸통이 없으면 새는 날지 못합니다. 오른쪽 날개나 왼쪽 날개, 어느 한쪽의 날개로는 날 수 없고 그 날개가 연결된 몸통이 아니고는 날아야 할 새도 없습니다. 균형과 중심이 잡히지 않으면 한 방향으로 뱅글뱅글 돌며 요동을 치다가 아스라이 추락하고 말겠죠.

사람도 그런 존재입니다. 균형을 잃어버리면 쓰러지고 중심이 없으면 한쪽으로 치우칩니다. '피드백feedback'이라는 말이 있습니다. 피드백

> 인간은 모두 방황한다. 문제는 방황과 행동 사이에서 어떻게 중심을 잡을 것인가 하는 것이다.

에 따라 사람 몸의 항상성이 유지된다고도 하죠. 이 피드백은 원인과 결과의 관계 속에서 발현됩니다. 어떤 결과는 원인에 의해 나타납니다. 그런데 피드백은 원인에 의해 나타난 결과가 다시 원인에 영향을 미치는 것입니다.

예를 들어보겠습니다. 피드백은 말하자면 보일러나 에어컨의 희망 온도와 같습니다. 추운 겨울에는 보일러를 켭니다. 그리고 희망 온도를 설정하죠. 한 24도로 설정했다고 생각해볼까요. 실내 온도를 24도까지 올리기 위해 보일러는 힘차게 돌아갑니다. 그런데 딱 24도가 되었다고 멈추는 것이 아닙니다. 온도는 24도보다 조금 더 올라갑니다. 그걸 알아챈 센서는 보일러를 멈추게 합니다. 조금 있으니 정확히 24도가 되었습니다. 보일러는 아직 움직이지 않습니다. 실내 온도가 내려가면 그때 다시 보일러가 돌아갑니다. 피드백은 이와 같은 자동 조절 원리와 같습니다.

항해하는 배를 이야기하면 더 쉽겠네요. 우리가 보기에 배는 일직선으로 나아가는 것 같습니다. 하지만 실제 배의 항로는 작은 지그재그로 구성됩니다. 배가 앞으로 나아가다 파도나 바람에 의해 왼쪽으로 기우는 경우가 생기면 조타수는 키를 오른쪽으로 돌립니다. 그럼 배는 오른

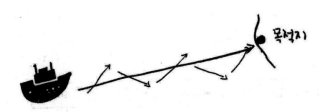

쪽으로 방향을 틉니다. 하지만 그러다 보면 너무 오른쪽으로만 가게 됩니다. 이에 조타수는 다시 왼쪽으로 키를 돌립니다. 이런 작용과 반작용을 통해 배는 앞으로 나아갑니다.

우리의 모습도 이와 비슷합니다. 무엇을 향해 돌진하는 모습을 보이는 사람도 직선으로 나아가지 못합니다. 그것이 또한 사람입니다. 하지만 크게 길을 벗어나지 않는 것은 사람에게 균형과 중심이 있기 때문입니다. 그렇기 때문에 왼쪽이 틀리다거나 오른쪽이 틀렸다고 말할 수는 없습니다.

우리가 인문학으로 삶을 버텨내려 하는 것도 비슷한 이치입니다. 지금은 뭐라 정의되지 않는 시대입니다. 하지만 역사는 늘 그래왔습니다. 질서와 혼란, 그리고 새로운 질서, 또 다른 혼란, 그 속에서 다시 전과 다른 질서가 세워졌지요. 시대정신이 있던 시대에서 없는 시대로, 앞으로는 또 다른 시대정신의 시대로 갈 것입니다. 하지만 우리는 손을 놓고 있을 수 없기 때문에 자신의 질서, 자신의 삶의 방향을 만드는 것입니다.

지금 우리는 생존팩을 짊어지려 하고 있습니다. 그 속에 용기와 자유와 사랑을 넣었습니다. 하지만 역시 직선 그대로 나아갈 수는 없습니다. 방황하는 것이 사람이기 때문입니다. 사람은 그렇게 만들어져 있습니다. 그리하여 방황이 있어야 행동이 있고, 실천하지만 다시 회의와 방황에 빠지는 것이 당연합니다. 우리가 할 일은 그 사이에서 균형과 중심을 잡는 것입니다. 그런데 조타수의 키, 보일러와 에어컨의 희망 온도와 같이 너무 많이 벗어나지 않도록 해주는 장치를 우리가 갖추고 있나 모르겠습니다.

이제 우리가 할 이야기는 그런 것들에 대한 것입니다. 서로 반대편에 있지만 사람이 가진 두 면을 어루만져 다시 앞으로 나아가게 하는 것, 그것이 무엇일까요? 아주 흔한 방법으로 이 세상을 나누면 자연과 인공, 사람이 가진 양면을 이야기한다면 감성과 이성일 것입니다. 우린 둘 모두를 가지고 있고 둘이 함께 어우러져 있는 세상에서 살고 있습니다.

이성은 차갑고 감성은 따뜻하다고 합니다. 이성이 차가운 것은 확실한 사리분별 속에서 변수를 대입하여 결정을 내리는 것이 기계처럼 느껴지기 때문입니다. 반대로 감성이 따뜻하다고 하는 것은 숫자나 논리적으로 설명되지는 않지만 마음의 움직임에 이끌리기 때문입니다. 그런데 차갑게만 혹은 뜨겁게만 살 수 있을까요? 차가움과 뜨거움, 이성과 감성을 동시에 가지고 있으므로 분명 어느 한쪽으로만 살 수는 없을 것입니다.

예전에 과학적 합리주의가 유럽 사람들의 생각을 지배하던 때가 있었습니다. 이성만이 전부라고 생각했던 시대와 비슷합니다. 숫자와 과학, 합리는 신이 사람에게 부여한 이성입니다. 완벽한 신이 부여한 이성이 오류를 범할 리 없다고 생각했겠죠. 하지만 그런 이성이 만들어낸 것

은 끔찍한 세계대전과 학살이었습니다.

이제 차가운 이성을 식혀줄 감성, 마찬가지로 뜨거운 감성을 식혀줄 이성을 갖게 해줄 중심을 찾아 떠나볼 것입니다. 어쩌면 이것은 인공과 자연 같은 것인지도 모르겠습니다. 아니면 현실과 이상일지도요.

현실의 학문, 이성의 가르침

1970년대 초 중국인들은 스스로 공자의 상을 부수었습니다. 중화인민공화국의 초대 주석이 된 마오쩌둥

> 배우기를 좋아한다는 것은 한계를 짓지 않는다는 것이다.

은 1950년대 말, 농업과 공업의 비약적인 발전을 위해 야심찬 대약진운동을 시작하지만 이는 처참한 실패로 끝이 납니다. 권력을 놓친 마오쩌둥은 다시 전근대적인 문화와 자본주의를 타파하자는 문화대혁명을 주도합니다. 홍위병이라 불린 전국의 소년 · 소녀들은 마오의 붉은 어록을 들고 관공서를 습격하고 기성세대를 처단했습니다. 당시 문화대혁명의 구호 중에 '비림비공非林非孔'이라는 말이 있었습니다.

비림의 '림'은 마오쩌둥의 후계자 자리까지 올랐으나 비판의 내상이 된 린뱌오(林彪)를 말하는 것이고, '공'은 공자와 그의 유교 사상을 말합니다. 공자의 유교 사상이 봉건제도와 노예제도를 다시 부활시킨다고 하여 문화대혁명 기간 동안 공자는 스승의 자리에서 끌어내려졌습니다. 그리고 시간이 흘렀습니다. 지금 중국의 대학에는 공자의 동상이 놓여

있습니다. 공자는 다시 중국인의 위대한 스승으로 복권되었습니다.

중국의 대표적인 두 가지 사상은 유가와 도가라고 할 수 있습니다. 유가는 공자와 맹자로, 도가는 노자와 장자로 대표됩니다. 중국의 대표적인 사상이지만 유가와 도가의 간극은 멀고도 멉니다. 몇 천 년 동안 중국을 지배해온 것은 공자의 사상이었습니다. 문화대혁명 기간은 그시간에 비하면 찰나에 불과합니다.

공자의 유가는 현실의 학문입니다. 현실에서 사람이 지켜야 할 것들을 이야기합니다. 그것이 국가로 확대되면 임금과 신하, 외교 문제로까지 이어집니다. 한 인간에서부터 그 인간이 이루는 가정, 가정이 속해 있는 사회, 사회를 아우르는 국가가 어때야 하는지를 공자는 이야기합니다. 그리고 그것은 현실입니다.

우리는 현실에서 이상을 꿈꾸며 삽니다. 하지만 공자가 이야기하는 이상은 현실적 이상입니다. 차가운 이성이며, 이성이 어떻게 발현되어야 하는가를 이야기하는 실천 지침입니다. 이성적으로 이성이 가야 할 길을 이야기하고 있는 셈이죠. 반대로 노자는 자연을 이야기합니다. 인간이 만든 현실 이전의 이상 세계, 자연의 근원으로 올라갈 것을 말하고 있죠. 그런 면에서 도가는 유가의 반대편에 서 있습니다.

지금 공자의 『논어』를 이야기하는 것은 감성을 식혀줄 이성, 이성을 이성답게 해줄 이성, 그래서 고단하고 힘든 현실에서 나의 중심을 잡아줄 버팀목으로서의 중심을 찾아보기 위함입니다.

『논어』는 「학이편學而篇」에서 「요왈편堯曰篇」까지 총 20편으로 구성되어 있습니다. 편명은 "학이시습시學而時習之 불역열호不亦說乎"로 시작하여 '학이'라는 이름이 붙은 것처럼 그 편에 나온 말에서 따왔습니다. 『논어』는 유가의 성전이며 근원입니다. 하지만 공자와 그 제자들의 대화로 구성되어 있어 크게 어렵지 않습니다. 일종의 어록인 셈입니다. 그렇지만 그 심층적인 내용은 아주 방대합니다.

그 중 하나를 골라보았습니다. 임의로 뽑은 것이지만 이성을 위한 가르침, 감성의 치우침에 중심을 잡아줄 내용이라고 생각됩니다. 그러니 직접 『논어』를 펼쳐 자신만의 것을 찾아볼 수도 있을 것입니다. 한 구절을 통해 다른 구절을 만나게 되고 그 구절이 책으로 이어지는 것 역시 일종의 확장입니다. 여러분이 이 책의 내용을 생존팩의 전부라고 생각하기를 바라지 않습니다. 이것을 기점으로 자신만의 생존팩을 만들기 바랍니다. 그럼 그 하나를 살펴보겠습니다.

공자가 말했다.

"유야, 너는 여섯 가지 말과 그에 따른 여섯 가지 폐단에 대해 들어본 적이 있느냐?"

자로가 대답했다.

"아직 듣지 못했습니다."

"앉아라. 내가 너에게 말해주겠다. 어진 것을 좋아하지만 배우기를 좋아하지 않으면 그 폐단은 어리석음이다. 지혜를 좋아하지만 배우기를 좋아하지 않으면 그 폐단은 방탕이다. 신의를 좋아하고 배우기를 좋아하지 않으면 그 폐단은 도적의 무리를 이루는 것이다. 곧음을 좋아하지만 배우기를 좋아하지 않으면 그 폐단은 가혹함이다. 용기를 좋아하지만 배우기를 좋아하지 않으면 그 폐단은 세상을 어지럽히는 것이다. 굳세기를 좋아하지만 배우기를 좋아하지 않으면 그 폐단은 과격함이다."

   – 『논어』 「양화편」

빼놓지 않고 등장하는 말이 있습니다. "배우기를 좋아하지 않으면"입니다. 무엇을 해도 배우기를 좋아하지 않으면 폐단을 낳습니다. 어진 것을 좋아해도, 지혜를 좋아해도, 신의를 좋아해도 마찬가지입니다.

배우기를 좋아한다는 것은 한계를 짓지 않는다는 것입니다. 내가 알고 있는 것, 내가 생각하는 것이 전부라며 생각의 영역에 한계를 짓지 않고 끊임없이 배우고 탐구하면 생각하지 않았던 것들을 얻게 됩니다. 단순하게 생각해볼까요. 어질다는 것은 착하다는 것일 수도 있습니다. 그런데 착하기만 하면 어떻게 될까요? 착해빠지기만 해서 사리분별을 못하면 어리석게도 이용당할 수 있습니다. 지혜를 좋아하는 것은 나쁘지 않습니다. 하지만 내가 지혜롭다 하여 내 생각만을 옳다고 여기면 다른 사람의 이야기를 듣지 않게 됩니다. 독선이 됩니다.

신의를 좋아하는데 왜 도적이 될까요? 친구가 옳은 생각을 하지 않고 있는데 신의를 지키려 그와 함께한다면 나는 무엇이 될까요? 곧은 것도 비슷합니다. 법은 공정하고 평등해야 하지만 정상참작이라는 것이 있습니다. 재미로 훔친 빵 한 조각과 굶어 죽어가는 아이를 위해 훔친 빵 한 조각을 같다고 할 수 있을까요? 용기 역시 그렇고 굳센 것 역시 마찬가지입니다. 용기 있고 굳세다 하여 절차를 무시할 수는 없습니다.

그래서 어짊과 지혜와 신의와 곧음과 용기와 굳셈은 그 자체가 완성된 것이 아닙니다. 그것들을 올바르게 발현할 수 있도록 해주는 배움이 필요합니다. 이성에게 감성이 필요하고, 감성에게 이성이 필요하듯 어느 하나만으로 이루어지는 것은 없습니다.

한발 멈추어 열 걸음을 가다

너무 힘이 들면 잠시 쉬어 갑시다. 어짊과 지혜와 굳셈이 배움에 기댈 때 그 빛을 발하는 것처럼 좀 쉬었다 갑

기댈 줄 알고, 굽힐 줄 알고, 쉴 줄 알아야 더 먼 길을 갈 수 있다.

시다. 중심을 잡고 있으면 옆길로 가는 것 같아도 다시 돌아오게 됩니다. 지그재그로 가는 것 같지만 앞으로 나아가게 됩니다.

해가 가면 달이 오고 달이 가면 해가 오니 해와 달이 서로 밀어 밝아진다. 추위가 가면 더위가 오고 더위가 가면 추위가 오니 추위와 더위가 서로 밀어 한 해를 이룬다. 가는 것은 굽히는 것이고 오는 것은 펴는 것이니 굽힘과 폄이 서로 교감하여 이로움을 만든다. 벌레가 굽히는 것은 펴기 위함이고 용과 뱀이 숨는 것은 몸을 보존하기 위함이며 은미한 사물의 이치를 신으로 들어가게 하는 것은 쓰이기 위함이다. 이롭게 사용하여 몸을 편안하게 함은 덕을 높이는 것이다.

　─ 『주역』 「계사전繫辞傳 하」

　그렇지요. 우리의 길은 이제 막 시작입니다. 기댈 줄 알고, 굽힐 줄 알고, 쉴 줄 알아야 더 먼 길을 갈 수 있습니다. 그것은 멈춘 것이 아닙니다. 멈춘 듯 보이지만 가고 있는 것입니다. 『논어』에서 기댈 것을 많이 찾기 바랍니다. 『논어』가 아니어도 좋습니다. 『도덕경』이어도 괜찮고 서양의 철학이어도 상관없습니다.

　어디로 가야 할지 안다면 갈 수 있습니다. 밤하늘에는 수많은 별이 있지만 뱃사람들이 길잡이로 삼는 것은 북극성입니다. 북극성은 북쪽에 있지만 방향의 중심이 됩니다. 북극성 하나를 통해 동서남북을 구분합니다. 이러한 것이 하나만 있으면 됩니다.

5장

웅지
웅대한 뜻을 품다

— 플루타르코스, 『영웅전』

없는 것인가, 찾지 못하는 것인가?

불교에서는 부처를 모십니다.
대부분 사람은 부처라고 하면 히말라야
에 있는 카필라바스투의 태자였던 가우

우리는 스스로의 영웅이 되어야
한다. 내가 선택한 결정에
대한 믿음만 있으면 된다.

타마 싯다르타를 떠올립니다. 하지만 부처는 석가모니만이 아닙니다.

서방정토에는 법을 설하는 아미타불이 있습니다. 아미타불은 원래
법장이라는 보살이었습니다. 하지만 깨달음을 통해 중생을 제도하겠다
는 원願을 세우고 수행하여 부처가 되었습니다. 그리고 미래의 부처인
미륵불도 있습니다. 미륵불은 석가모니가 열반한 후 56억 7,000만 년이
지나면 우리가 사는 사바세계에 출현한다고 합니다.

부처는 하나가 아닙니다. 심지어 불교에서는 우리 같은 중생도 깨달음을 얻으면 부처가 될 수 있다고 말합니다. 우리에게도 불성佛性이 있기 때문입니다.

불성이란 부처가 될 수 있는 근본 성품입니다. 그 근본 성품이 사람의 마음속에 있다는 것입니다. 불성이란 발견되지 않은 하나의 씨앗 같은 것입니다. 씨앗에 싹을 틔우려면 먼저 씨앗을 땅에 심어야 합니다. 하지만 씨앗을 발견하지 못하면 심을 수 없습니다. 만약 발견하여 심었다 해도 내팽개쳐두고 돌보지 않으면 씨앗은 자라지 못합니다. 씨앗을 키워 깨달음이라는 열매를 맺기 위해서는 끊임없는 노력을 해야 합니다.

이러한 불성의 모습을 잘 보여주는 것이 삼신불성三身佛成입니다. 불교에서는 불성을 2불성, 3불성, 5불성 등으로 나누는데 그중 하나가 삼신불성입니다. 삼신불성은 삼인불성三因佛性이라고도 불립니다. 삼신불성의 세 가지 요소가 정인正因 · 요인了因 · 연인緣因이기 때문입니다. 정인불성은 우리 모두가 가지고 있는 것입니다. 삿됨을 떠나 올바름으로 가고자 하는 본성이지요. 요인불성은 진실한 모습과 이치를 깨닫는 지혜와 같은 것입니다. 그리고 연인불성은 지혜와 함께하는 수행을 의미합니다.

불교에서는 불성이라는 씨앗을 찾아 지혜와 수행으로 깨달음을 얻어 부처가 되라고 가르칩니다. 모든 것이 그렇듯 그 이치는 복잡하거나 어렵지 않습니다. 하지만 그것이 현실로 다가올 때는 힘들고 어려운 일이 됩니다.

지금 이 장은 플루타르코스Ploutarchos의 『영웅전』을 이야기하는 자리입니다. 그런데 왜 갑자기 불교의 불성을 말하고 있을까요? 그것은 우리가 영웅이라는 존재를 너무 멀고 어려운 곳에 두고 있기 때문입니다. 불교에서는 우리도 부처가 될 수 있다고 말합니다. 부처도 될 수 있다는데, 영웅이 될 수는 없을까요? 저는 될 수 있다고 믿습니다. 그리고 제가 말하는 영웅은 플루타르코스의 『영웅전』에서처럼 전쟁을 승리로 이끌고 세상을 호령하며 나라를 지배하는 그런 영웅이 아닙니다.

우리는 스스로의 영웅이 되어야 합니다. 이를 위해서는 먼저 자신이 가진 영웅의 씨앗을 찾아야 합니다. 아니, 찾을 필요가 없을지도 모릅니다. 현미경으로 들여다보며 샅샅이 뒤져도 나오지 않을 테니까요. 그 씨앗은 지금 고개 숙여 웅크리고 있는 믿음 같은 것입니다. 내가 영웅이 될 수 있다는 믿음, 나도 할 수 있다는 믿음, 내가 선택한 길을 가겠다는 결정에 대한 믿음, 버텨낼 수 있고, 버텨 다른 삶을 살 수 있다는 믿음 말입니다.

먼저 그 믿음의 씨앗을 살려야 합니다. 하지만 그것만으로는 아무것도 이루어지지 않습니다. 씨앗을 찾았으면 심고 가꾸어야 하는 것처럼 믿음에 물을 주고 땅을 솎아내고 양분을 공급해주어야 합니다. 그 방법은 무엇일까요? 스스로가 길을 찾지 못할 때는 다른 사람의 길을 늘여다보는 것도 좋은 방법입니다. 그것을 위해서 우리는 지금 플루타르코스의 『영웅전』을 찾아 나선 것입니다.

씨앗을 찾아서

우리에게는 『플루타르크 영웅전』이라는 이름이 익숙하지만 원래는 '비오이 파랄렐로이Bioi Paralleloi'라는 그리스어 제목입니다. 우리말로 하면 '대비 열전'이나 '비교 열전'이 됩니다. 이 책에는 수많은 영웅이 등장합니다. 솔론, 테미스토클레스, 페리클레스, 알렉산드로스, 카이사르, 안토니우스 등이 그들입니다.

그런데 여기서 질문을 하나 던지고 싶습니다. 우리는 왜 영웅의 이야기를 읽을까요? 그리고 플루타르코스는 왜 『영웅전』을 썼을까요? 이 두 가지 질문은 하나의 대답으로 연결됩니다. 『영웅전』을 읽는 것과 쓰는 것은 그것에서 무언가를 얻기 위해서입니다. 그 얻어야 하는 무언가에 대해 플루타르코스는 이렇게 이야기합니다.

처음에 나는 다른 사람을 위해서 이 전기를 쓰기 시작했다. 그러나 전기를 계속 써나가는 동안 어느 틈엔가 남이 아닌 나 자신을 위해 이 글을 쓰고 있다는 걸 깨닫게 되었다. 이들 위인들이 가진 각각의 미덕은 내 인생을 비추는 거울이 되었고, 내 인생을 어떻게 조절하고 또 어떻게 내 인생을 고치고 만들어나가야 하는가를 배우게 되었다. 진정으로 전기란 우리 일상생활의 여러 관계들을 연구하고 기록하고 서술하는 작업이다. 따라서 위인들의 생애를 연구하면서, 나는 매일 그들과 같이 생활하는 것처럼 느끼며, 차례로 나를 찾아오는 손님들을 맞이하고 대접하는 심정으로 그들을 만났다. 그들과 함께하면서 감동을 느끼고, 그들의 행동을 통해서 우리가 알아야 할 가장 중요하고 가치 있는 것을 골라서 뽑아냈다. 미덕을 기르고 품성을 닦는 데는 위인들의 삶을 배우는 방법보다 더 좋은 건 없다.

그렇습니다. 영웅들의 삶은 현실의 나를 비추고 내가 가야 할 길, 선택해야 하는 것을 알려줍니다. 그러나 『영웅전』에 좋은 사람만 등장하는 것은 아닙니다. 나쁜 사람도 있고 사악한 의도도 있습니다. 그것들이 함께하는 것은 그 속에서도 내가 배워야 할 것이 있기 때문입니다.

공자는 "삼인행三人行 필유아사언必有我師焉 택기선자이종지擇其善者而從之 기불선자이개지其不善者而改之"라고 했습니다. '세 사람이 길을 감에 반드시 나의 스승이 있다. 그 가운데 나보다 나은 사람의 좋은 점을 골라 그것을 따르고 나보다 못한 사람의 좋지 않은 점을 골라 그것을 바로잡는다.'는 뜻입니다. 나쁜 것이든 좋은 것이든 우리는 그것을 통해 나를 돌아보고 변화시킬 수 있습니다.

우리에게도 선택의 시간이 왔습니다. 플루타르코스는 많은 영웅의 이야기를 썼습니다. 그중 한 인물의 이야기에 집중하려 합니다. 바로 알렉산드로스입니다.

기원전 356년 그리스 북부 마게도니아에서 태어난 알렉산드로스는 왕이 되어 그동안 누구도 이루지 못했던 위업을 달성했습니다. 지중해를 벗어나 아프리카와 아시아에 걸친 대제국을 건설한 것입니다.

지금 알렉산드로스를 이야기하는 것은 그의 대제국 건설을 칭송하기 위함이 아닙니다. 우리가 주목해야 할 부분은 어떤 영웅적 씨앗이 있었기에 그가 대제국을 건설할 수 있었는가 하는 지점입니다. 첫 번째 씨앗을 발견하기 위해서 우리는 먼저 개라고 불렸던 철학자 디오게네스를 만나야 합니다. 늘 빵을 구걸하는 디오게네스는 뭔가를 주는 사람에게 아양을 떨고 주지 않는 사람에게는 짖어대고 나쁜 사람은 물어버리기 때문에 자신이 개라고 말합니다. 하지만 그는 당대의 철학자였고 자족의 삶을 살았습니다. 어디에도 속하지 않았지만 억압적인 행태에는 굴하지 않았습니다.

그런 디오게네스를 알렉산드로스가 만나게 됩니다. 모든 사람이 경배를 하는데 디오게네스만은 알렉산드로스에게 인사하지 않았습니다. 오히려 길바닥에 누워 햇볕을 쬐고 있었습니다. 호기심이 생긴 알렉산드로스는 디오게네스에게 필요한 것이 있으면 무엇이든지 말하라고 합니다. 그때 디오게네스가 한 말은 햇빛을 가리지 말고 옆으로 비키라는 것이었습니다.

왕에게 이런 무례를 범한 디오게네스는 어떻게 되었을까요? 처형되었을까요? 아닙니다. 디오게네스는 햇볕을 계속 쬘 수 있었습니다. 돌아오는 길에 수행원이 디오게네스를 개라고 욕하자 알렉산드로스는 자신이 왕이 되지 않았으면 디오게네스가 되었을 것이라 말합니다.

그렇습니다. 알렉산드로스는 다른 삶, 다른 방식을 인정하는 사람이었습니다. 많은 사람이 따르게 하기 위해서는 그들을 이해해야 합니다. 그러지 않으면 혼자가 될 것입니다. 이것이 알렉산드로스의 첫 번째 씨앗입니다.

고르디우스의 매듭

알렉산드로스가 가진 두 번째 씨앗은 무엇일까요? 두 번째 씨앗을 찾기 위해서는 서남아시아의 아나톨리아에 있는 프리기아로 가야 합니다. 그곳

에는 고르디우스의 전차가 있습니다. 하지만 이 전차는 움직일 수 없습니다. 인간이 풀 수 없는 매듭으로 묶여 있기 때문입니다. 전설에 의하면 그 매듭을 푸는 사람이 아시아를 정복하게 됩니다.

알렉산드로스가 고르디우스의 전차를 마주하고 있습니다. 알렉산드로스는 과연 그 매듭을 풀 수 있을까요? 알렉산드로스의 손이 매듭으로 옮아갑니다. 그런데 그는 빈손이 아닙니다. 그의 손에 쥐어진 것은 칼입니다. 알렉산드로스는 매듭을 풀지 않았습니다. 그는 매듭을 잘라내버렸습니다. 그리고 고르디우스의 전차는 매듭에서 풀려났습니다.

알렉산드로스의 두 번째 씨앗은 바로 담대한 결정력입니다. 우리도 풀리지 않는 문제 때문에 고민할 때가 많습니다. 어떻게든 풀어보려 하지만 점점 꼬여가기만 할 때가 있습니다. 그럴 때는 어떻게 해야 할까요? 고민만 하면 문제는 해결되지 않습니다. 그럴 때는 대담한 결정을 내려야 합니다. 알렉산드로스는 선택하고 결정할 수 있는 사람이었습니다.

이제 마지막 세 번째 씨앗을 찾을 때가 되었습니다. 알렉산드로스는 정복자였습니다. 때로는 잔인하게 정복한 나라의 궁전을 모두 불태우

기도 했습니다. 하지만 그는 스스로를 제어할 줄 아는 사람이기도 했습니다.

알렉산드로스는 페르시아 원정을 떠납니다. 시리아에서 페르시아의 왕 다리우스 군대와 알렉산드로스의 군사들이 전쟁을 벌이게 됩니다. 다리우스는 패배했고 달아났습니다. 그리고 수많은 전리품을 남겼습니다. 황금으로 만들어진 것들이었습니다. 그것을 보고 알렉산드로스는 말합니다.

"과연 이것이 왕의 생활이라는 것인가?"

알렉산드로스는 왕이었지만 황금으로 치장하지 않았거든요. 그리고 알렉산드로스는 다리우스의 어머니와 아내, 딸들을 포로로 잡게 됩니다. 알렉산드로스가 그들을 죽이거나 능욕했을까요? 아닙니다. 알렉산드로스는 그들에게 손끝 하나 대지 않았습니다. 적을 물리치는 것보다 자신을 극복하는 것이 왕의 진정한 모습이라고 생각했기 때문입니다. 그는 자신을 절제하고 극복하는 사람이었습니다.

우리에게도 그런 씨앗이 있습니다. 상대를 인정하고 담대히 결정하며 자신을 절제하고 극복할 수 있는 힘이 있습니다. 단지 그 힘이 미약할 뿐입니다. 그것을 살려내야만 합니다. 그러지 않으면 버틸 수 없습니다. 우리는 이미 이 세계에 던져졌고 이 세상에서 살아야 하기 때문입니다.

플루타르코스의 『영웅전』에 등장하는 또 다른 인물인 카이사르는 군대를 해산하라는 명령을 거부합니다. 그리고 자신의 반대 세력과 싸우기 위해 갈리아와 이탈리아의 경계를 이루는 루비콘 강을 건넙니다. 그

때 그가 남긴 말이 이것입니다.

"주사위는 던져졌다."

우리의 주사위도 이미 던져졌습니다. 그럼 어떻게 살아야 할까요? 던져진 주사위가 영웅이 된다면 어떨까요?

4부

버팀, 그 이상

나에 대한 사람들의 평가는
내가 스스로를 어떻게 평가하느냐에
좌우된다.

_ 어니스트 헤밍웨이 | Ernest Hemingway

1장

리셋
처음부터 다시 시작하는 방법

– 홉스, 로크, 루소의 사회계약설

그때는 언제인가?

기원전 209년, 그러니까 2,200
년도 더 지난 중국 진나라 때의 일입니
다. 농민 출신이었던 진승과 오광이 난

> 바꾸고 전환하라.
> 그것이 곧 확장의
> 기본이다.

을 일으켰습니다. 그들은 이렇게 절규했습니다.

"왕후상상王侯將相 영유송호寧有種乎(왕후장상의 씨가 따로 있겠느냐?)."

하지만 그들이 절규한 대가는 참혹한 죽음이었습니다. 800년 전 고
려에서도 같은 일이 있었습니다. 최충헌의 노비였던 만적 역시 진승과
오광이 했던 말을 똑같이 하고 난을 일으켰지만 역시 처참한 죽음을 피
할 수 없었습니다. 서양이라고 다르지 않습니다. 2,000년 전 로마의 검

투사이자 노예였던 스파르타쿠스 역시 난을 일으켰지만 전장에서 사라져야 했습니다. 심지어 스파르타쿠스를 따르던 병사들은 십자가에 매달려 독수리의 밥이 되었습니다.

그들은 왜 난을 일으켜야 했을까요? 국민의 지지를 얻어 선거에 나가고 지도자가 되어 세상을 바꿀 수는 없었기 때문입니다. 타고 넘을 수 없는 강고한 신분사회의 벽이 그들을 가로막고 있었으니까요. 방법은 그것을 부수는 것뿐이었습니다.

왕후장상의 씨가 따로 있던 시대는 그 후로도 계속되었습니다. 영국의 사상가이며 성직자, 농민반란의 지도자였던 존 볼John Ball은 "아담이 밭을 갈고 이브가 베를 짤 때 누가 귀족이었던가?" 하며 평등사회를 외쳤습니다. 하지만 당시 세상은 평등하지 않았고 대부분의 사람들은 속박과 굴종 속에 놓여 있었습니다. 아담과 이브가 있을 때는 귀족이 없었지만 아담으로부터 왕권신수설의 신화는 태동되고 있었던 것입니다.

인간이 자유롭게 태어났으며 인간에게 존엄의 권리가 있음을 알게 된 것은 불과 몇백 년 전입니다. 그렇게 오랫동안 인류는 불평등한 사회를 살았습니다. 무엇이 지금 우리에게 존엄과 평등을 가져다주었을까요?

먼저 이것이 우리의 생존과 무슨 연관이 있는지부터 짚고 넘어가야 할 것 같습니다. 우리는 종종 우리 자신을 거창한 세상, 역사의 도도한 흐름과 무관한 존재라 여깁니다. 하지만 그럴까요? 이 세상을 지배하는 법칙이 바뀌지 않았다면 우리 중 누군가는 또 다른 만적, 또 다른 스파르타쿠스가 되었을 것입니다. 하지만 바뀔 것 같지 않던 사회는 바뀌었고 우리는 그 역사에 의해 다른 삶을 살고 있습니다. 이 이야기는 인류사를 바꾼 그 방법, 인간 존재의 불평등을 전환시킨 그 방법을 우리에게 적용시켜보자는 것입니다.

왕권신수설 vs 사회계약설

왕권이 강하고 민중의 저항이 표면화되지 않았던 영국의 튜더왕조에서는 왕권신수설이 강조되지 않았습니다.

> 반란이 아니라 사상이 세상을 뒤집는다. 더 깊은 문제의 근본에서 세팅을 바꾸라.

다. 그러나 스튜어트왕조에 이르자 왕의 권력이 흔들리기 시작했습니다. 의회는 왕과 대립했고 민중은 저항했습니다. 그러자 제임스 1세는 왕위에 오르기 전인 1598년에 「자유로운 군주국의 진정한 법」이라는 논문을 통해 신의 대리인인 왕에게는 절대복종해야 한다는 논리를 만듭니다.

그런데 정말 그럴까요? 왕에게는 절대복종만 해야 하는 것일까요? 백성을 위하지 않는 왕을 바라보며 억압과 착취를 당해야만 할까요? 왕권의 신화를 무너뜨릴 방법은 무엇일까요? 권력을 왕에서 민중으로 되돌릴 방법은 없을까요?

그러나 세상은 뒤집혔습니다. 지브란Gibran이 "또 다른 여인이 나를 낳으리라."고 말한 것처럼 누군가 성공한 스파르타쿠스를 낳았기 때문은 아닙니다. 또 다른 누군가가 낳은 것은 사람이 아니라 사상이었습니다. 반란이 아니라 사상이 세상을 뒤집은 것입니다.

자, 어떻게 왕에게서 주권을 빼앗아 올까요? 방법은 아주 간단합니다. 국가의 주인은 왕이 아니라고 하면 됩니다. 그런데 많은 사람이 신의 대리인인 왕이 국가의 주인이라고 생각합니다. 그러면 어떻게 해야 할까요? 그것이 아님을 설명하고 사람들을 설득해야 합니다. 그 논리와 근거가 사상이고 왕권 재민 시대에서 주권재민의 시대를 연 '사회계약설'입니다.

17~18세기 유럽에는 새로운 운영체제와 같은 사상이 나타납니다. 그 사상은 홉스Hobbes의 『리바이어던The Leviathan』, 로크Locke의 『통치론』, 그리고 루소Rousseau의 『사회계약론』으로 구체화되었지요. 하지만 홉스와 로크, 루소의 생각은 조금 다릅니다. 이들을 한데 묶을 수 있는 이유는 홉스와 로크, 그리고 루소가 국가 이전의 상태를 상정하고 국가가 탄생한 것은 계약에 의해서라고 주장했다는 공통점이 있기 때문입니다.

왕이 국가의 주인이라고 이야기하고 있는데, 이들은 국가가 아닌 국가 이전의 상태를 말한 것입니다. 그러니까 아주 쉽게 이야기해보면, 내가 엄청나게 넓은 땅을 상속받았습니다. 사실 여기에는 비밀이 있는데, 다들 쉬쉬하고 있었지요. 그 땅은 친일의 대가였던 것입니다. 결국 그 재산은 친일 재산 몰수 규정에 딱 걸리고 맙니다.

왕이 왕권은 신에게 받은 것이니 국가의 주인은 자신이라고 주장할 때 사회계약설은 그 국가가 원래 그렇게 생겨난 것이 아님을 밝혀낸 것입니다. 그럼 이제 국가 이전의 상태에서 시작해보겠습니다.

국가가 존재하기 이전에 인간은 '자연 상태'에 있었습니다. 앞서 홉스, 로크, 루소의 주장에는 차이가 있다고 했는데, 이들은 이 상태를 조금씩 다르게 봅니다. 홉스는 자연 상태를 만인의 만인에 대한 투쟁의 상태로, 로크는 어느 정도 평화로운 상태로, 루소는 평화롭고 행복한 상태로 보았습니다. 자연 상태를 투쟁의 상황으로 본 홉스는 평화를 유지하기 위해서는 권력이 필요했고, 그 때문에 국가가 등장했다고 생각했습니다. 로크는 군주제를 옹호했습니다. 하지만 로크가 생각하는 국가의 탄생 이유는 사람들의 생명과 재산을 보호할 장치가 필요했기 때문입니다. 로크에 의하면 사람들은 필요에 의해 계약을 맺어 국가를 만듭니다.

루소의 사상은 또 다릅니다. 루소도 계약에 의해 국가가 생겨난다고 말합니다. 하지만 사람들이 자신의 재산과 생명과 같은 권리를 위임하는 대상은 국가가 아니라 '일반의지'입니다. 일반의지는 사람들이 원하는 상태를 만들기 위한 의지입니다. 국가란 일반의지를 구현하는 집행 조직일 뿐입니다. 때문에 국가가 국민의 생명과 재산을 보호하지 못하거나 국민에게 해악을 끼치면 국가의 책임자는 물러나야 합니다.

그런데 사회계약설의 확산을 왕권신수설이 그냥 지켜보고만 있지는 않았을 것입니다. 로크의 저작인 『통치론』은 원래 「로버트 필머 경과 그 일파의 잘못된 논거의 발견과 논박」과 「시민정부의 참된 기원과 범위 및 목적에 관한 소론」이라는 두 개의 논문으로 구성되어 있습니다. 두 번째 논문이 우리가 흔히 아는 『통치론』입니다.

로크가 첫 번째 논문을 쓴 이유는 1680년 왕권신수설의 대표적 학자인 필머Filmer가 『가부장권론』을 출판했기 때문입니다. 필머의 주장은 이렇습니다. 최초의 인류인 아담을 창조한 존재는 신입니다. 신은 아담에게 가족과 자손을 다스리는 권리도 주었지요. 그런데 그 권리는 큰아들인 장자에게 계승됩니다. 이러한 논리의 구조에 따라 필머는 아버지가 가정을 다스리듯 왕이 나라를 다스려야 한다고 주장합니다. 신이 아담에게 가족과 자식을 다스릴 권리를 주었듯 왕의 권력도 신에게서 받은 것이기 때문이지요. 또한 그는 왕이 아담의 권력을 계승했다고 주장합니다.

로크는 이에 대한 반박으로 「로버트 필머 경과 그 일파의 잘못된 논거의 발견과 논박」을 쓰게 된 것입니다. 여기서 로크는 네 가지 반박의 이유를 말합니다.

"첫째, 신이 아담에게 그런 권리를 부여했는지 분명하지 않다. 둘째, 아담에게 그런 지배권이 있었다고 해도 아담의 상속자들에게는 그런 권리가 없다. 셋째, 아담의 상속자에게 그런 권리가 있다고 해도 그 상속자가 누구인지 알 수 없다. 넷째, 도대체 누가 아담의 직계 자손이며 장자인지 알 수 없다."

필머는 더 깊은 문제의 근본에서 세팅을 바꾸려 했습니다. 사회계약설이 국가 이전의 상태에서 문제를 다시 풀어나갔다면 필머는 인간의 출현이라는 더 이전의 시기를 상정한 것입니다.

'세팅 값을 바꾼다.' 왕권신수설과 사회계약설의 치열한 싸움을 이야기한 가장 중요한 이유는 바로 이 말에 있습니다.

세팅 값을 바꾸면 결과 값이 바뀐다

모든 문제에는 시작점이 있습니다. 그것을 그렇게 만든 세팅 값이 있다는 것입니다. '+'라는 부호가 '더하기'라고 정해져 있으면 '+'는 덧셈만을 합

> 뭔가 정말 단단히 잘못되었다고 생각된다면 그건 세팅 값이 잘못되었기 때문이다.

니다. 하지만 '+'라는 부호가 빼기로 세팅되어 있다면 1＋1은 2가 아니라 0이 됩니다. 즉, 다른 세팅 값은 다른 결과 값을 얻게 만듭니다.

당시는 왕이 주인이라고 세팅되어 있는 시대였습니다. 그 값을 그대로 두고서는 다른 결과를 도출할 수 없었습니다. 방법은 역시 세팅 값을 바꾸는 것이었습니다. 그런데 어떻게 바꿀 수 있죠? 컴퓨터라면 지금의 운영체제를 밀어버리고 다른 운영체제를 깔면 될 것입니다. 정말 그렇게 하면 좋을 것 같습니다. 하지만 여기에 한 가지 문제가 있습니다. 컴퓨터에게 명령을 내리는 사람은 '나'입니다. 컴퓨터가 세상이라면 나는 컴퓨터를 지배하는 신인 셈이죠. 하지만 현실의 세상을 바꾸기 위해서는 합리적이고 논리적인 근거가 필요하고 많은 사람에게 그것에 대한 동의를 구해야 합니다.

세팅 값을 바꿀 수 있는 논리가 없으면 세팅 값은 바뀌지 않습니다. 이를 위해 사회계약설은 국가 이전의 상태를 상정했습니다. 세팅되어 있는 세상보다 더 깊은 근본으로 올라간 것입니다. 물론 이를 반박하기 위해 필머는 더 높은 곳으로 올라갔죠. 하지만 필머의 '가부장권론'은 논리적 근거에 부족함을 드러냈습니다. 이유 때문에 가부장권론은 세팅

값을 바꾸는 데 실패한 것입니다.

우리는 여기서 두 가지를 알게 됩니다. 첫 번째는 세팅 값을 바꾸기 위해서는 문제의 근본 또는 그 근본보다 더 깊은 곳에서 다시 시작해야 한다는 것입니다. 두 번째는 그곳에서 시작한다고 해도 기존의 법칙을 바꿀 수 있을 만큼의 논리적 근거가 수반되어야 한다는 점입니다.

지금 돌아본 현실의 결과 값이 만족스러운가요? 대부분은 만족스럽지 않을 것입니다. 그런데 만족스럽지 않은 정도가 단지 일이 잘 풀리지 않는다고 여길 수준인가요, 아니면 뭔가 정말 단단히 잘못되었다고 생각되는 정도인가요? 만약 두 번째라면 그건 세팅 값이 잘못되었기 때문일 수 있습니다.

정말 잘못된 방향으로 나아가고 있다거나 커다란 어려움을 겪고 있다면 지금 당장 눈앞에 있는 현상보다 문제의 근원으로 올라가는 것이 좋습니다. 사과를 얻고 싶은데 복숭아나무를 심었을 수도 있기 때문입니다. 하지만 근본으로 올라간다고 해서 모든 문제가 해결되는 것은 아닙니다. 그건 '사회계약설'은 성공했지만 '가부장권론'은 실패한 이유와 같습니다.

근본으로 돌아간다는 것은 무조건 처음의 시작점으로 회귀하는 것이 아닙니다. 다시 돌아갔을 때 이전과는 전혀 다른 상태여야 합니다. 그곳으로 갈 때는 현재의 문제점에 대한 정확한 인식과 새로운 세계를 구성할 수 있는 논리로 무장해야 합니다. 그래야 제대로 된 세팅을 다시 할 수 있습니다. 하지만 그것으로 끝이 아닙니다. 사람은 컴퓨터와 달라서 주변의 상황에 따라 쉽게 오류를 범합니다. 그 오류를 범하지 않도록 하는 것은 단단한 마음가짐과 부단한 노력입니다.

우리는 지금 사회계약설이 시발점이 된 민주 사회를 살고 있습니다. "대한민국의 모든 권력은 국민으로부터 나온다."가 헌법 제1조인 주권 재민의 국가는 그로부터 시작되었습니다. 하지만 헌법 제1조가 세팅되어 있다고 해서 아무것도 하지 않고 방치한다면 어떻게 될까요? 헌법은 그냥 법전의 글자로만 끝나고 말 것입니다. 우리는 끊임없이 지금의 현상을 바라보고 질문하고 실천하며 조금 더 나은 상황을 만들어야 합니다. 그것이 또한 생존팩에 들어간 리셋을 확장하는 방법입니다. 18세기를 살았던 루소는 이렇게 말합니다.

영국의 민중들은 스스로를 자유롭다고 생각하지만 그것은 큰 잘못이다. 그들이 자유로운 것은 오직 의회의 의원을 선거하는 기간뿐이다. 선거가 끝나는 순간부터 그들은 다시 노예가 되어버리고, 아무런 가치도 없는 존재가 되어버리는 것이다.

– 루소, 『사회계약론』

이 말은 지금도 유효한 것처럼 들립니다. 근본에서 다시 시작하여 올바른 생각을 정립했다면 다음은 그것이 원활히 작동하도록 움직여야 합니다. 아니면 인간의 평등과 자유를 무시하는 또 다른 운영체제가 우리 사회를 리셋할지도 모릅니다.

세상이 움직이는 것도 개인의 움직임과 크게 다르지 않습니다. 국가에 헌법이 있다면 내게는 무엇이 가장 중요한 세팅 값이 되어야 할까요? 그것을 세팅하고 난 다음에는 무엇을 해야 할까요? 그것이 우리가 지금까지 해온 이야기입니다. 당신은 이미 그것을 알고 있습니다. 건투를 빕니다.

2장

상상
내가 아는 것보다 더 큰 세상

― 장자, 『장자』

텅 빈 그곳에서

장자에 이르면 모든 것은 무無가
됩니다. 장자의 사상을 살펴보면 마음
이 없는 무심無心, 정이 없는 무정無情,

> 본질을 꿰뚫어 보라.
> 그러면 그것을 초월할
> 것이다.

기대함이 없는 무대無待, 쓰임이 없는 무용無用, 앎이 없는 무지無知, 말이
없는 무언無言, 히는 비기 없는 무위無爲, 끝내는 자기 자신조차 없는 무
기無己에 이릅니다.

장자에게는 아무것도 없습니다. 장자는 우리보다 더 가진 게 없군요.
그런데 장자는 모든 것을 가지고 있습니다. 어떻게 그럴 수 있을까요?
장자에게 '무'라는 이 글자는 단지 없음이 아닙니다. 장자에게 없음이란

초월입니다. 장자는 그것을 초월했기에 더 넓은 곳에서 더 큰 것을 만납니다.

이름이 없으니 세상의 허영에 초탈할 수 있습니다. 기대함이 없으니 마음이 무궁합니다. 정이 없으니 세상 만물에 막히는 바도 없습니다. 쓰임이 없기에 단명할 수 없습니다. 그럴 수 있는 건 그것이 없기에, 그것을 초월했기에 가능한 일입니다.

우리는 장자에게서 무엇을 얻어야 할까요? 우리도 모든 것을 던지고 세속을 초월한 삶을 살아야 할까요? 그렇다면 우리의 생존팩이란 깊은 산에 들어가 도를 닦기 위한 것이 되고 말 것입니다. 하지만 우리는 이 각박한 현실을 살아내야 합니다. 가만히 살펴보면 장자와 우리는 닮았습니다. 장자도 없음이고 우리도 가진 것이 별로 없습니다. 장자는 없음으로 인해 더 큰 것을 얻었습니다. 우리도 없는 것에서 더 큰 생존을 만들어야 합니다. 이를 위해서 우리는 먼저 우리가 가진 고정관념을 깨부수어야 합니다.

안짱다리에 꼽추고 언청이인 사람이 위령공에게 유세를 했다. 위령공은 그를 매우 기쁘게 여겨 그를 보는 것으로 온전한 다른 사람을 보니 다른 사람들의 목이 수척하고 야윈 것처럼 보였다. 목에 커다란 혹이 있는 사람이 제환공에게 유세를 갔다. 제환공은 그를 매우 기쁘게 여겨 그를 보는 것으로 온전한 다른 사람을 보니 오히려 목이 야위고 가늘어 보였다. 까닭에 덕이 다른 이보다 뛰어난 점이 있으면 그의 형체는 잊어버리게 된다. 사람들은 마땅히 잊어야 할 것을 잊지 않고 잊지 않아야 할 것을 잊는다. 이것을 정말 잊어버리는 것이라 한다.

　－『장자』「덕충부德充符」

　무엇으로 그 사람을 볼 것인가요? 눈에 들어오는 안짱다리와 꼽추 형상의 등, 목에 난 커다란 혹… 그것은 형체에 불과합니다. 눈에 보이는 형체는 절대적인 기준이 되지 못합니다. 목에 커다란 혹이 있어 목이 두꺼운 것이 정상이라는 기준을 가지고 있으면 혹이 없는 사람은 비정상이 됩니다. 외눈박이 나라에서는 두 눈 가진 사람이 비정상인 것처럼 말이죠. 때문에 보아야 할 것은 형체가 아니라 실체입니다. 장자는 이것을 덕이라고 말합니다.

　장주가 꿈에 나비가 됐다. 훨훨 나는 것이 분명 나비였으며, 스스로 뜻에 맞아 내가 장주임을 알 수 없었다. 갑자기 깨어나 보니 확실히 장주였다. 장주가 꿈에 나비가 된 것인가, 나비가 꿈에 장주가 된 것인가? 장주와 나비 사이에는 반드시 구분이 있을 것이니 이를 물화物化라고 한다.

　－『장자』「제물론齊物論」

　장자가 꿈에서 나비가 된 것일까요, 아니면 장자는 나비가 꾼 꿈속의 사람일까요? 장자와 나비 사이에는 구분이 있어야 하는데 그렇게 느껴지지 않습니다. 이러한 경지를 장자는 물화라고 합니다. 사물로 화했다는 말입니다. 장자가 나비가 되었든, 나비가 장자가 되었든 그것은 하나의 또 다른 모습입니다. 그러나 우리는 구분을 하려고 합니다.

우리는 우리가 포착하는 감각기관만으로 세계를 판단하려는 경향이 있습니다. 그리고 어떠한 기준으로 분별을 하려 하죠. 그런데 형체에 판단의 준거를 두지 않는다면 어떨까요? 장자가 나비가 되고 나비가 장자가 된 것이 무에 그리 부자연스러운 일일까요? 씨앗이 자라 나무가 되는 것도 변화입니다. 계절이 변하면 나뭇잎의 색이 변합니다. 색이 변했다고 하여 그 나무가 다른 나무가 되는 것은 아닙니다. 장자는 우리가 변화를 본질로 착각하고 있다고 이야기합니다. 그 본질을 보면 다른 것이 보입니다. 우리에게 필요한 것은 눈에 보이는 그대로가 아니라 그 너머의 것을 꿰뚫어 보는 힘입니다.

쓰임 없는 것의 큰 쓰임

한때, '무용장존無用長存'이라는 별명을 가진 적이 있습니다. 그때는 그 말이 무슨 뜻인지 몰랐습니다. 그저 쓰임이 없기에 오래 간다는 뜻의 한자로만 알았죠. 알고 보니 『장자』에 나오는 개념이었습니다. 그런데 이 말 자체가 좀 이상합니다.

쓰임이 있어야 오래가는 것 아닌가요? 보통 쓰지 못하면 버리게 되니까요. 옷장을 청소할 때 잘 입지 않는 옷은 재활용 통으로 들어갑니다. 쓰이지 못하니 버려지는 것이지요. 고장 나 못 쓰게 된 시계도 버려집니다. 심지어 쓰임이 없다고 판단되는 사람은 회사를 나가야 합니다. 이렇

> 가진 것을 어떻게 사용할 것인지 생각을 역전하라. 용도의 한계란 곧 생각의 한계다.

듯 쓰임이 없으면 수명을 다하고 맙니다. 하지만 장자는 쓰임 없는 것이 더 크게 쓰인다고 말합니다. 쓰임이 없기에 오래간다고 말합니다.

혜자가 장자에게 말했다.

"위나라 왕이 내게 큰 박씨를 주어 내가 이것을 심었는데, 박의 속이 다섯 섬이나 돼 수장(마실 것)을 담으려 해도 무거워 들 수 없었습니다. 이것을 쪼개 표주박을 만들었지만 너무 얕아서 다른 것을 담을 수 없었습니다. 그것이 그렇게 크지 않은 것은 아니지만 나는 쓸 곳을 찾지 못해 부숴버렸습니다."

장자가 말했다.

"당신은 큰 것을 쓰지 못하십니다. 송나라 사람 중에 손이 트지 않게 하는 약을 가진 사람이 있었는데, 그 사람은 때로 세탁업에 종사했습니다. 한 손님이 그것을 듣고 약 만드는 방법을 백금에 사고자 하니 주인이 가족과 함께 의논하기를 '우리가 대대로 세탁업을 했지만 번 돈이 몇 푼에 불과했는데, 이제 백금을 준다 하니 그것을 팝시다.' 했습니다. 손님이 약 만드는 방법을 가지고 오나라로 가 오왕을 설득했습니다. 때마침 월나라와 전쟁이 있었는데, 오왕이 그를 장수로 삼아 싸우게 했습니다. 겨울에 월나라와 수전水戰을 벌였는데, 여기서 월나라를 대패시켰습니다. 그래서 오왕은 그를 제후로 삼았습니다. 손이 트지 않게 하는 방법은 한 가지이지만 어떤 사람은 이것으로 제후가 되고 어떤 사람은 세탁업을 면치 못하게 되는 것은 쓰는 방법이 달랐기 때문입니다. 어찌 선생은 다섯 섬들이 박이 있는데 그것으로 큰 술통을 만들어 강호에 띄울 생각은 하지 않고 쪼개면 얕아서 다른 것을 담지 못할 것만 생각합니까? 참으로 옹졸하구려."

똑같은 것이 있습니다. 어떤 사람은 못 쓴다고 해서 버리고 어떤 사람은 그것을 써서 더 큰 것을 얻습니다. 우리는 앞서 뉴욕 쓰레기를 파는 사람과 돌멩이를 반려동물로 변신시킨 사람의 이야기를 했습니다. 쓰레기조차도 어떤 사람의 눈에는 상품이 되고 돌은 생명이 없는데 반려동물이 됩니다. 그런 것들도 쓰임을 찾으면 우리가 생각했던 기존의 가치를 뛰어넘는 것들이 됩니다.

손이 트지 않는 약은 한 가지이지만 세탁업을 하는 사람에게는 생활의 편의를 위한 도구에 불과합니다. 하지만 이 약이 다른 곳에 이르면 전쟁의 승패를 좌우하는 결정적인 요인이 됩니다. 중요한 것은 그것이 무엇이냐 하는 것이 아니라 그것을 어떻게 쓰느냐 하는 것입니다. 그래서 사랑하라는 것입니다. 나와 내가 가진 것이 지금은 쓰임이 없어 보일지 모르지만 그것을 다르게 보면 이처럼 내 삶의 엄청난 확장 도구가 될지 모르기 때문입니다.

이런 생각을 하는 방법은 역전입니다. 고정관념이 아니라는 말이지요. 그냥 그렇게 볼 때와 다르게 생각할 때 180도 달라지는 역전의 현상을 경험해야 한다는 것입니다. 이를 알지 못한 혜자는 다시 장자에게 이야기합니다.

혜자가 장자에게 말했다.
"내게 큰 나무가 있는데, 사람들은 가죽나무라고 합니다. 그 큰 줄기에 옹

이가 있어 먹줄을 댈 수 없고, 작은 가지는 꼬불꼬불 뒤틀려 자로 잴 수 없으니, 땅 위에 있어도 목수가 거들떠보지 않습니다. 지금 선생의 말은 크지만 쓸모가 없어 뭇사람들이 모두 가버립니다."

장자가 말했다.

"선생은 혼자 살쾡이를 보지 못했군요. 몸을 낮게 하여 먹이를 기다리다가 동서로 뛰어오르며 높고 낮은 곳을 가리지 않다가, 덫에 걸리거나 그물에 걸려 죽습니다. 이우라는 소는 하늘에 드리운 구름처럼 크지만 쥐를 잡지 못합니다. 지금 선생에게 큰 나무가 있어 그 쓰지 못함을 근심하는데, 어째서 그 나무를 아무것도 없는 마을, 광막한 들에 심으려 하지 않습니까? 그리고 그 나무 주위를 하릴없이 방황하고 소요하면서 그 나무 아래 누워 잠잘 것을 생각지 못합니까? 그러면 도끼에 의해 잘려지지도 않을 것이고 아무에게 해로움도 없을 것이니, 쓸 데가 없다 한들 어찌 그것을 괴로워하겠소."

–「소요유」

쓴다는 것은 강박일지도 모릅니다. 눈앞에 무엇이 있으면 그것을 쓰려고 합니다. 그런데 그 쓰임에는 한계가 있습니다. 내가 아는 용도라는 것이지요. 내가 모르는 방법이 있음은 생각하지 않습니다. 용도의 한계란 또한 생각의 한계입니다.

'나무는 베어서 목재로 만든 후 무엇을 만드는 데 쓰는 것이다.' 이것이 혜자가 생각하는 나무가 가진 용도의 한계입니다. 우리와 별반 다르지 않군요. 그러니 가죽나무는 쓸 데가 없습니다. 그런데 장자에게는 그렇지 않습니다.

등산을 좋아하는 사람이 많습니다. 심신의 치료를 위해 자연휴양림을 찾기도 합니다. 그곳에 나무가 있기 때문입니다. 잘라 베어져 자재가 되는 나무도 있습니다. 모두 나무입니다. 가죽나무는 목재가 될 수 없기에 베어지지 않았습니다. 쓰임이 없기에 오래갈 수 있었던 것이죠. 여기엔 또 다른 역전이 있습니다. 쓰임이 있으면 오래가지 못합니다. 살쾡이는 높고 낮은 곳을 가리지 않고 뛸 수 있는 능력 때문에 덫에 걸려 죽습니다. 하늘을 뒤덮을 정도로 큰 소 이우는 쥐 한 마리를 잡을 수 없습니다. 우리가 보기에 커다란 능력이라고 여겨지는 것도 다른 측면에서 보면 단점이 되고 마는 것입니다.

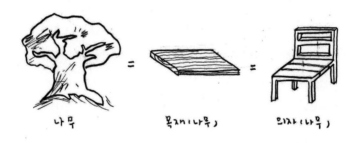

나무   목재(나무)   의자(나무)

내가 아닌데 누가 알랴

장자가 혜자와 함께 호수의 다리를 거닐고 있었습니다. 그때 장자가 이렇게 말합니다.

생각을 어떻게 역전하는가?
그것은 절대적인 기준을
버리는 것이다.

"물고기가 한가롭게 노니는구나. 이것이 물고기의 즐거움이리라."

장자의 말에 혜자가 가만히 있지 않았겠지요. 혜자가 말합니다.

"자네는 물고기가 아니면서 어찌 물고기의 즐거움을 안단 말인가?"

장자가 대답합니다.

"자네는 내가 아닌데 내가 물고기의 즐거움을 알지 못한다는 것을 어찌 아는가?"

혜자도 지지 않고 대답합니다.

"나는 자네가 아니니 진실로 자네의 마음을 안다고는 할 수 없을 거야. 자네도 물고기가 아니니 자네가 물고기의 즐거움을 알지 못하는 것은 분명하네."

장자는 마지막으로 이렇게 말합니다.

"근본으로 돌아가보세. 자네는 나더러 어찌 물고기의 즐거움을 알 수 있느냐고 했지. 그 말은 이미 물고기의 즐거움을 안다는 것을 알고 물은 걸세. 나는 이 호수에서 물고기의 즐거움을 알았다네."

내가 아닌데, 어찌 타인이 나를 알 수 있겠습니까? 내가 생각하는 것이 틀리다고 누가 말할 수 있겠습니까? 그것은 그들의 기준일 뿐입니다. 장자가 일관되게 이야기하는 것은 절대적인 기준을 타파하라는 것입니다. '이것은 이것이고 저것은 저것이다.'라는 분별에서 벗어나 이것과 서것의 경계를 허물라는 것입니다. 그럼 이것이 저것이 되고 저것이 이것이 될 수 있습니다.

생존팩에 나이프가 하나 들어 있습니다. 이것은 그냥 자르는 용도로만 사용될까요? 나이프의 금속은 햇빛을 반사합니다. 그 반사된 빛으로 멀리까지 내가 있는 곳을 알릴 수 있습니다. 생수병이 하나 있습니다.

생수병은 물을 담는 용도로만 사용될까요? 생수병을 잘라 거꾸로 세우면 물을 담는 생수병이 물을 담게 만드는 깔때기가 됩니다.

우리도 일관되게 이야기하는 것이 있습니다. 그것을 그것에 머무르게 하지 말라는 것입니다. 이 시대가 힘들다고 해서 두고 보면 그냥 힘든 삶만이 연속될 뿐입니다. 힘들기 때문에 무엇을 하는 것입니다.

장자는 우리가 생각할 수 있는 것 이상을 생각하라고 말합니다. 지금 말로 하면 그것은 상상력, 창의일 것입니다. 하지만 우리에게는 뉴턴처럼 사과 하나에서 만유인력을 발견할 수 있는 능력이 없습니다. 그리고 뉴턴 역시 결코 쉬지 않고 그것을 생각했기에 사과에서 만유인력으로 사고를 확장시킬 수 있었습니다.

우리는 비슷한 환경에서 살고 있습니다. 비슷한 것을 보고 비슷한 곳에 살고 비슷한 것을 듣습니다. 그러나 상상력이 발휘되면 듣는 것이 음악이 되고 생각이 철학이 되고 말하는 것이 문학이 됩니다.

그런데 우리는 왜 못하고 있을까요? 고정되어 있기 때문입니다. 여기에 관념이라는 말을 붙여보죠. 그럼 고정관념이 되겠네요. 고정되어 있는 관념이 생각의 다리에 족쇄를 채우고 있기에 상상의 세계로 나아가지 못하는 것입니다. 나무는 목재가 되어야 한다는 고정관념, 쓸모 있는 것과 쓸모없는 것을 가르는 고정관념, 거기에 스스로에 대한 회의가 만들어낸 자기 자신에 대한 고정관념, 그것들이 우리를 가로막고 있습니다. 장자가 혜자에게 한 말은 모두 그것을 타파하라는 것입니다.

지금까지 해왔던 생각과 전혀 다른 방향과 방법으로 생각해보세요. 하나의 사물도 다르게 대해보세요. 그럼 포스트잇이 나올 거예요. 3M

에서 처음부터 포스트잇을 개발하려고 했나요? 아닙니다. 강력 접착제를 개발하려다가 어처구니없이 잘 떨어지고 끈적거리지 않는 접착제가 나왔습니다. 그런데 그 실패작이 최고의 히트작이 되었습니다. 다른 곳에서 또 다른 쓰임을 보았기 때문이지요.

나 자신 스스로도 그렇고 내가 가진 것도 그렇습니다. 나를 다르게 보고 생각을 다르게 하면 상상의 세계에서 전과 다른 나를 만나게 될 것입니다.

원리
작동법을 알아야 움직인다
— 마빈 해리스의 문화유물론

화성에서 온 남자, 금성에서 온 여자

DIY 시대라고 하지만 실제 우리가 직접 할 수 있는 일은 많지 않습니다. 시대가 지날수록 기계들은 정말 복잡해

특정 문화 현상을 다른 문화와 구별 짓는 차이는 무엇에 기인하는가?

져갑니다. 옛날에는 가구 만드는 일에 기계를 이용하지 않았습니다. 도구를 사용했지요. 톱으로 자르고 대패로 다듬고 다시 톱과 끌로 나무와 나무를 맞물리도록 해서 가구를 짰습니다. 그래서 옛날에는 가구를 만든다는 표현보다 짠다는 말을 많이 썼지요. 하지만 가구를 짜기 위해서는 가구가 어떻게 결합되는지를 알아야 합니다. 힘을 받는 부분과 지지해주는 부분, 힘을 분산시켜주는 부분이 어디인지 알아야 튼튼한 가구를 만

들 수 있습니다. 그걸 알면 가구가 삐거덕거릴 때 어디에 문제가 있는지도 쉽게 알 수 있습니다. 머리에 가구의 구조가 있으니까요.

지금 DIY 가구에서는 전동 드릴을 많이 씁니다. 전동 드릴로 구멍을 뚫고 나사못을 박지요. 전동 드릴은 기계라고 하기에 쑥스러울 만큼 간단한 공구입니다. 드릴이나 나사 비트를 고정시키는 처과 회전력을 조절하는 토르크, 그리고 드릴의 방향을 조절하는 버튼, 동작을 시키는 방아쇠로 이루어져 있지요. 그런데 처음 전동 드릴을 쓰면 이것도 쉽지 않습니다. 시계 방향으로 돌려 나사를 박아야 하는데, 나사를 푸는 시계 반대 방향으로 회전을 시키기도 하지요. 또 약한 나무에 너무 강한 힘을 주어 나무를 파먹기도 합니다. 하지만 조금 익숙해지면 능숙하게 전동 드릴을 사용할 수 있게 됩니다. 무엇이 어떻게 작용하는지를 알게 되기 때문입니다.

무언가를 잘 쓰기 위해서는 역시 사용법을 알아야 합니다. 기계에는 아무런 의미 없이 존재하는 버튼이 없습니다. 지금 우리는 생존팩의 물품들로 삶을 확장시키는 단계에 있습니다. 이를 위해서는 생존팩의 물품을 능숙하게 사용해야 합니다. 그런데 능숙하게 사용하기 위해서는 먼저 알아야 할 것이 있습니다. 각자의 생존팩에 든 것이 무엇이며, 그것을 어떻게 결합시킬 것인지, 그리고 그 결합이 생존에 어떤 작용을 하게 될지를 알아야 합니다.

하지만 한꺼번에 모든 것을 알 수는 없습니다. 아는 것에도 연습이 필요합니다. 그 연습이 확장을 위한 도구가 되겠지요. 이건 사람과의 관계에서도 마찬가지입니다. 누군가 나에게 화가 나 있다면 그 이유가 있을 것입니다. 그런데 그 이유를 엉뚱하게 파악하면 관계를 개선할 수가 없습니다. 그 사람이 그런 이유를 알아야 합니다.

흔히 남자와 여자는 생각하는 방식이 다르다고 합니다. 그래서 싸우기도 많이 싸우죠. 그 차이가 얼마나 크면 '화성에서 온 남자, 금성에서 온 여자'라고까지 할까요. 지금 우리가 할 일은 그런 차이를 가져온 이유를 파악해보는 것입니다. 그 이유를 생각하다 보면 무언가를 할 때 훨씬 빨리 해답을 찾을 수 있습니다.

마빈 해리스Marvin Harris는 미국의 대표적인 인류학자입니다. 우리에게는 『문화의 수수께끼』로 친숙합니다. 해리스는 문화에 유물론적으로 접근합니다. 그의 이론은 인간의 사회생활은 지구상에 생존해야 한다는 현실적인 문제에 대한 반응이라는 단순한 전제에 기초하고 있습니다. 이는 우리의 입장과도 비슷합니다. 우리는 이 시대에 생존해야 한다는 단순한 전제에 기초해서 인문학적 생존법을 찾고 있습니다. 해리스 역시 생존이라는 전제가 어떻게 특정한 문화 현상을 만들었는지를 찾습니다. 어떤 물질적 조건 때문에 그런 현상이 나오게 되었는지를 밝히는 것입니다. 그래서 그는 기술과 환경에 따른 생산양식을 분석의 주된 도구로 삼습니다. 이를 그는 하부구조라고 하지요. 아주 거칠게 이야기하자면 해리스는 이런 하부구조가 문화 현상을 낳는 가장 중요한 원인이며 논리적인 설명이 되어준다고 생각합니다.

이런 분석은 아주 건조하고 기계적으로 느껴질 수 있습니다. 하지만 그런 문제의식을 통해 어떤 현상을 파악하는 것은 유용한 분석이 될 수 있습니다. 어떤 가치를 배제하고 현상 자체를 객관적으로 설명하려

232

는 시도가 될 수 있으니까요. 그럼 해리스의 분석을 한번 따라가보겠습니다.

왜 암소는 안 되는가?

인도는 암소의 천국입니다. 아무렇지도 않은 듯 소가 거리를 배회합니다. 길가에서 풀을 뜯기도 하지만 사

자신을 보호해준 보답으로 암소는 그 땅에서 자연과 인간이 조화롭게 살 수 있도록 해주었다.

람의 옆에서 음식을 찾아 헤매기도 합니다. 인도 사람들은 그 소를 그냥 볼 뿐입니다. 아니, 보는 것을 떠나서 그들은 암소를 숭배합니다.

인도는 법으로 암소 도축을 금지하고 있습니다. 그럼 인도의 암소는 어떻게 죽을까요? 인도의 암소는 늙어 죽습니다. 그것도 암소 양로원에서 말이죠. 소에게 꽃으로 장식까지 해줍니다. 이게 어떻게 된 일일까요? 많은 사람이 그 이유가 종교에 있다고 생각합니다.

인도는 힌두교 국가입니다. 힌두교 최고의 신은 창조의 신인 브라흐마Brāhma와 파괴의 신인 시바Śiba, 유지의 신인 비슈누Viṣṇu입니다. '만물에 스며들다'라는 어원을 가진 비슈누는 우주의 질서와 인류를 보호하는 신입니다. 또한 가장 자비로운 신으로 알려져 있지요. 비슈누는 우주의 질서가 문란해지면 다른 모습을 하고 나타납니다. 열 개의 모습이 대표적이라고 하는데, 그중 여덟 번째 모습이 크리슈나Kṛṣṇa입니다. 크리슈나는 인류를 파괴에서 구해주는 역할을 합니다. 그런데 힌두교 성전에

는 크리슈나가 소 치는 사람이자 소의 보호자라고 기술되어 있습니다.

힌두교 최고의 신이 그랬으니 소를 그렇게 보호하는 것이 당연하다고 여길지 모릅니다. 게다가 예전에는 종교적 신상이나 숭배자에게 소에서 나온 우유나 버터, 심지어 배설물을 바르기도 했답니다. 이런 면에서 보면 인도의 암소 숭배는 종교적 이유일 것입니다. 하지만 해리스는 여기에 의문을 던집니다. 『음식 문화의 수수께끼』에서 이렇게 묻습니다.

정치와 종교는 분명히 쇠고기와 도살 금기를 강화하고 영속화하는 데 일익을 담당했지만, 정치도 종교도 왜 소 살육과 쇠고기 섭취가 상징적으로 두드러지게 되었는지 그 이유를 설명하지 못한다. 돼지나 말이나 낙타가 아니라 왜 암소인가?

해리스는 우리의 일반적인 생각을 역전시킵니다. 종교가 인도의 음식 문화에 영향을 미쳤겠지만 인도의 식습관이 종교에 더 큰 영향을 미쳤다고 생각한 것입니다. 그러니까 인도에서 쇠고기를 먹지 못하게 한 것은 종교적 이유에서 비롯된 것이라기보다 음식 문화의 영향이 종교에 영향을 끼친 경우라고 생각한 것입니다.

해리스의 결론은 생각보다 간단합니다. 인도에서 암소를 숭배하고 쇠고기를 먹지 못하게 한 것은 황소가 필요했기 때문이라는 것입니다. 그 증거로 기원전 600년 전의 베다 문서를 인용하죠. 그 문서는 소를 도살하고 그 고기를 먹는 축제에 대해 기록하고 있습니다. 그때는 소를 먹었다는 것입니다. 그런데 왜 소를 못 먹게 했을까요?

인구가 증가하면 증가한 사람들이 먹고 살 만큼의 농경지가 필요해집니다. 목초지는 그만큼 줄어들겠죠. 목초지가 줄면 풀을 먹는 소의 숫자도 줄어듭니다. 숫자가 줄면 비싸지겠죠. 그럼 소를 먹을 수 있는 사람들은 지위가 높고 돈이 많은 사람들로 한정됩니다. 게다가 5세기부터 성행한 불교나 자이나교는 살생을 금하는 종교이기도 했습니다.

이런 사회의 변화는 어느 정도 쇠고기 식육 금지의 조건이 됩니다. 하지만 그렇다고 전체가 다 쇠고기를 못 먹게 할 수는 없습니다. 여기에는 분명 또 다른 이유가 숨어 있습니다. 해리스가 말한 '황소가 필요했기 때문에'라는 이유에 다시 한 번 주목해야겠습니다.

목초지가 줄어든 것은 농경지가 확대되었기 때문입니다. 농경지가 확대되면 그만큼 많은 인력이 농사에 투입되어야 합니다. 하지만 농사일은 여간 힘든 것이 아닙니다. 밭을 가는 데는 소만 한 동물이 없습니다. 그래서 기계화가 이루어지기 전 농촌에서 황소는 부의 상징이기도 했습니다. 소가 있으면 더 많은 땅에 농사를 지을 수 있기 때문이었습니다. 그런데 황소는 저절로 생기지 않습니다. 암소가 낳아야 황소가 생깁니다. 수소 한 마리는 여러 암소와 교미할 수 있지만 암소는 한 번에 여러 마리의 소를 낳을 수 없습니다. 결국 많은 황소를 얻기 위해서는 그만큼 많은 암소가 필요하다는 이야기가 됩니다.

암소는 우유를 만들어낼 뿐 아니라 인도의 토양과 기후에서 가장 싸고 효율적인 견인 동물의 어미이기도 하다. 고비용의 에너지를 소비하고 사회적

위화감을 조성하는 쇠고기 소비의 식습관으로부터 자신을 보호해주는 힌두교인에 대한 보답으로 암소는 자연과 인간이 조화롭게 살 수 있도록 해주었다.

  – 마빈 해리스, 『음식 문화의 수수께끼』

해리스는 이처럼 인도의 암소 숭배 문화를 사회·경제적인 측면에서 해석합니다. 이런 식으로 무슬림의 돼지고기 금기도 설명합니다.

  중동은 돼지 사육에 적합한 지역이 아니다. 그러나 돼지고기는 아주 맛이 있고 고기로 귀하게 여겨지고 있다. 사람들은 돼지고기를 먹고 싶은 유혹에 시달린다. 따라서 야훼는 돼지가 불결하니 먹지도 만지지도 말라고 명령했다. 알라신도 똑같은 이유에서 똑같은 명령을 내렸다. 중동 지방은 식용에 충족될 만큼의 돼지를 사육하기에는 생태학적으로 적절하지 못한 지역이었다. 소규모의 사육은 유혹만 크게 할 뿐이었다. 그러므로 차라리 돼지고기의 식용을 전면 금지하고 양, 염소, 소 등을 치는 데 모든 정성을 다 바치는 것이 나았다. 돼지는 고기 맛은 좋지만 사료와 시원한 돼지우리를 만드는 비용이 너무 비쌌던 것이다.

  – 마빈 해리스, 『문화의 수수께끼』

실제로 돼지는 37℃가 넘는 기온과 직사광선에서 살아남지 못한다고 합니다. 그런데 중동의 요르단 계곡은 거의 43℃를 오르락내리락하고 직사광선이 내리쬐는 곳입니다. 이런 환경에서 돼지를 키우려면 특별한 장치가 필요합니다. 돼지가 체온을 조절할 수 있도록 피부를 습하게 만

과학자들은 객관적으로 현상을 보는 것이 아니라 기존 패러다임의 눈으로 현상을 바라봅니다. 이전에 배운 방법, 이전의 가치, 이전의 해결 방법으로 대상을 연구하는 것이지요.

그래서 패러다임에 부합되지 않는 현상을 예외라는 이름으로 넘겨버리려 합니다. 아니면 새로운 것을 다시 시작해야 하니까요. 이런 현상은 과학자들이 자신에게 유리한 것을 강조하는 것으로도 나타납니다. 자신에게 불리한 증거들은 애써 외면하는 것이지요. '그런 것도 있을 수 있지만 이것이 맞아.' 하고 이야기하는 것처럼 말이죠.

지금 하고 싶은 질문은 그와 같은 것입니다. 우리는 패러다임을 전환할 준비가 되어 있을까요, 아니면 패러다임의 전환기에 있는 것일까요? 그것도 아니면 애써 눈 감고 '그것은 예외일 거야.' 하며 새로운 패러다임을 거부하고 있을까요?

그 누구도 아닌 나의 패러다임

우리도 패러다임의 변화를 겪었습니다. 그것도 치열하고 급박하게. 그리고 위기 상황이 도래했고 지금은 경쟁적 패러다임이 출현하고 있는 시기입니다. 하지만 아직 과학혁명은 일어나지 않은 상태입니다.

지금은 어떤 패러다임에 기대지 못합니다. 질문은 여기서부터 시작

> 각자도생하라. 새로운 패러다임을 기다리기에는 우리의 시간과 삶이 너무 아깝다.

다. 이들은 서로 경쟁을 합니다. 마치 우리 마음속의 소리들이 싸우는 것과 같습니다. '그냥 살자. 조금 바꿔보자. 누가 한 말을 따르는 것은 어떨까? 아니, 스스로 찾아야 하는 것 아닐까? 내 인생을 누가 대신 살 아주는 것은 아니잖아. 그럼 어떻게 하자는 것이지? 나는 근본에서 다 시 시작해보겠어. 그래서 나의 길을 가겠어.' 이런 갈등처럼 말입니다.

그리고 결국 하나의 생각이 결심으로 굳어지겠죠. 그래서 살아남은 과학, 예외 상황을 설명하는 보편적 방법이 기존 패러다임의 자리를 차 지하게 됩니다. 이것이 과학혁명이고 이를 통해 새로운 정상과학이 출 현하게 되는 것입니다.

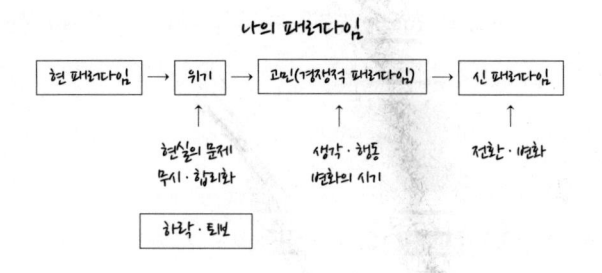

이렇게만 이야기하면 쉽게 느껴집니다. 하지만 이것만으로 쿤의 『과 학혁명의 구조』를 확장의 도구로 삼기에는 뭔가 아쉽습니다. 쿤의 이론 에서 사람들에게 주목을 받은 지점은 과학이 그렇게 객관적이고 엄밀하 며 합리적이지 않다는 점입니다.

문제는 패러다임의 위기에 있습니다. 위기는 위기일 뿐 아직 바뀐 상 태가 아닙니다. 과학자들은 아직 기존의 패러다임을 따르고 있죠. 그때

과학도 혁명을 한다

전 패러다임기 – 정상과학 – 위기 – 경
쟁적 패러다임의 출현 – 과학혁명 – 새로
운 정상과학

패러다임에 부합되지 않는 현상을 '예외'라는 이름으로 넘겨버리고 있지는 않은가?

이 짧은 도식이 과학혁명, 즉 패러다임의 전환 과정을 설명하는 구조
입니다. 현재를 지배하는 과학은 이전의 과학과는 다릅니다. 천동설에
서 지동설로의 전환과 같은 것입니다. 현재의 과학을 정상과학이라고
부릅니다.

그런데 정상과학에 위기가 찾아옵니다. 기존의 방법으로 연구를 했
는데 맞지 않는 현상들이 나타나기 시작한 것입니다. 처음에는 예외라
고 생각할 수도 있습니다. 아니면 자신이 실수를 했다고 여길지도 모
릅니다. 그런데 예외가 점점 늘어납니다. 실수하지 않았는데도 말입니
다. 이건 이전의 법칙으로 설명이 안 된다는 생각이 듭니다. 처음에는
예외를 설명하는 보조적인 가설을 세울 수도 있습니다. 그런데 무너지
는 댐을 지지목 몇 개로 버티게 할 수는 없는 법입니다. 건축물로 따지
면 결로에 의한 곰팡이 정도가 아니라 내력벽에 금이 가는 상황이 온
것입니다.

이렇게 기존의 패러다임은 위기에 빠집니다. 이 위기를 타개하기 위
해 여러 방법들이 나타나기 시작합니다. 보수를 하면 된다, 리모델링을
하면 된다, 건축물을 철거하고 새로 지어야 한다… 이런 식으로 말입니

이나 과학이 설명할 수 없는 것들이 생겨날 때, 과학에서 패러다임의 전환이 일어납니다.

패러다임이란 고정불변의 것이 아닙니다. 변화하는 것입니다. 아니 변화라는 말보다는 전환이라는 말이 옳겠네요. 기존의 것을 깡그리 부숴놓기도 하니까요. 쉽게 이야기하면 패러다임은 특정 시기의 과학자 집단이 공유하는 문제 해결의 모델입니다. 대부분 동의하는 내용이라는 것입니다. 이것은 일종의 시대정신과도 같습니다. 합의된 교육 방법, 합의된 성공 모델, 합의된 사회 목표 같은 것이죠. 하지만 사회가 변하면서 합의는 깨집니다.

경부고속도로만 있었을 때를 가정해보죠. 부산까지 가장 빨리 가는 방법은 고속도로를 이용하는 것입니다. 하지만 KTX가 뚫리고 공항이 생겨 비행기가 다닙니다. 그럼 경부고속도로만 이용하는 것이 가장 빠른 길은 아닙니다. 그렇다고 비행기를 타는 것도 가장 빠르지 않을 수 있습니다. 공항과 멀리 떨어진 곳에 사는 사람도 있을 테니까요. 이처럼 다른 상황은 다른 방법을 낳습니다.

상황은 변했습니다. 그럼 선택을 해야 합니다. 바꿀 것이냐 말 것이냐. 그것이 첫 번째 선택입니다. 아직도 망설여지나요? 그럼 패러다임은 전환의 시점에 놓여 있는 것입니다.

이나 과학이 설명할 수 없는 것들이 생겨날 때, 과학에서 패러다임의 전환이 일어납니다.

패러다임이란 고정불변의 것이 아닙니다. 변화하는 것입니다. 아니 변화라는 말보다는 전환이라는 말이 옳겠네요. 기존의 것을 깡그리 부숴놓기도 하니까요. 쉽게 이야기하면 패러다임은 특정 시기의 과학자 집단이 공유하는 문제 해결의 모델입니다. 대부분 동의하는 내용이라는 것입니다. 이것은 일종의 시대정신과도 같습니다. 합의된 교육 방법, 합의된 성공 모델, 합의된 사회 목표 같은 것이죠. 하지만 사회가 변하면서 합의는 깨집니다.

경부고속도로만 있었을 때를 가정해보죠. 부산까지 가장 빨리 가는 방법은 고속도로를 이용하는 것입니다. 하지만 KTX가 뚫리고 공항이 생겨 비행기가 다닙니다. 그럼 경부고속도로만 이용하는 것이 가장 빠른 길은 아닙니다. 그렇다고 비행기를 타는 것도 가장 빠르지 않을 수 있습니다. 공항과 멀리 떨어진 곳에 사는 사람도 있을 테니까요. 이처럼 다른 상황은 다른 방법을 낳습니다.

상황은 변했습니다. 그럼 선택을 해야 합니다. 바꿀 것이냐 말 것이냐. 그것이 첫 번째 선택입니다. 아직도 망설여지나요? 그럼 패러다임은 선환의 시섬에 놓여 있는 것입니다.

과학도 혁명을 한다

전 패러다임기 - 정상과학 - 위기 - 경
쟁적 패러다임의 출현 - 과학혁명 - 새로
운 정상과학

패러다임에 부합되지 않는
현상을 '예외'라는 이름으로
넘게버리고 있지는 않은가?

　이 짧은 도식이 과학혁명, 즉 패러다임의 전환 과정을 설명하는 구조
입니다. 현재를 지배하는 과학은 이전의 과학과는 다릅니다. 천동설에
서 지동설로의 전환과 같은 것입니다. 현재의 과학을 정상과학이라고
부릅니다.

　그런데 정상과학에 위기가 찾아옵니다. 기존의 방법으로 연구를 했
는데 맞지 않는 현상들이 나타나기 시작한 것입니다. 처음에는 예외라
고 생각할 수도 있습니다. 아니면 자신이 실수를 했다고 여길지도 모
릅니다. 그런데 예외가 점점 늘어납니다. 실수하지 않았는데도 말입니
다. 이건 이전의 법칙으로 설명이 안 된다는 생각이 듭니다. 처음에는
예외를 설명하는 보조적인 가설을 세울 수도 있습니다. 그런데 무너지
는 댐을 지지목 몇 개로 버티게 할 수는 없는 법입니다. 건축물로 따지
면 결로에 의한 곰팡이 정도가 아니라 내력벽에 금이 가는 상황이 온
것입니다.

　이렇게 기존의 패러다임은 위기에 빠집니다. 이 위기를 타개하기 위
해 여러 방법들이 나타나기 시작합니다. 보수를 하면 된다, 리모델링을
하면 된다, 건축물을 철거하고 새로 지어야 한다… 이런 식으로 말입니

242

다. 이들은 서로 경쟁을 합니다. 마치 우리 마음속의 소리들이 싸우는 것과 같습니다. '그냥 살자. 조금 바꿔보자. 누가 한 말을 따르는 것은 어떨까? 아니, 스스로 찾아야 하는 것 아닐까? 내 인생을 누가 대신 살아주는 것은 아니잖아. 그럼 어떻게 하자는 것이지? 나는 근본에서 다시 시작해보겠어. 그래서 나의 길을 가겠어.' 이런 갈등처럼 말입니다.

그리고 결국 하나의 생각이 결심으로 굳어지겠죠. 그래서 살아남은 과학, 예외 상황을 설명하는 보편적 방법이 기존 패러다임의 자리를 차지하게 됩니다. 이것이 과학혁명이고 이를 통해 새로운 정상과학이 출현하게 되는 것입니다.

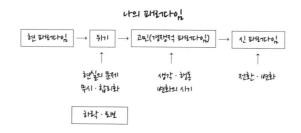

이렇게만 이야기하면 쉽게 느껴집니다. 하지만 이것만으로 쿤의 『과학혁명의 구조』를 확장의 도구로 삼기에는 뭔가 아쉽습니다. 쿤의 이론에서 사람들에게 주목을 받은 지점은 과학이 그렇게 객관적이고 엄밀하며 합리적이지 않다는 점입니다.

문제는 패러다임의 위기에 있습니다. 위기는 위기일 뿐 아직 바뀐 상태가 아닙니다. 과학자들은 아직 기존의 패러다임을 따르고 있죠. 그때

과학자들은 객관적으로 현상을 보는 것이 아니라 기존 패러다임의 눈으로 현상을 바라봅니다. 이전에 배운 방법, 이전의 가치, 이전의 해결 방법으로 대상을 연구하는 것이지요.

그래서 패러다임에 부합되지 않는 현상을 예외라는 이름으로 넘겨버리려 합니다. 아니면 새로운 것을 다시 시작해야 하니까요. 이런 현상은 과학자들이 자신에게 유리한 것을 강조하는 것으로도 나타납니다. 자신에게 불리한 증거들은 애써 외면하는 것이지요. '그런 것도 있을 수 있지만 이것이 맞아.' 하고 이야기하는 것처럼 말이죠.

지금 하고 싶은 질문은 그와 같은 것입니다. 우리는 패러다임을 전환할 준비가 되어 있을까요, 아니면 패러다임의 전환기에 있는 것일까요? 그것도 아니면 애써 눈 감고 '그것은 예외일 거야.' 하며 새로운 패러다임을 거부하고 있을까요?

그 누구도 아닌 나의 패러다임

우리도 패러다임의 변화를 겪었습니다. 그것도 치열하고 급박하게. 그리고 위기 상황이 도래했고 지금은 경쟁적 패러다임이 출현하고 있는 시기입니다. 하지만 아직 과학혁명은 일어나지 않은 상태입니다.

각자도생하라. 새로운 패러다임을 기다리기에는 우리의 시간과 삶이 너무 아깝다.

지금은 어떤 패러다임에 기대지 못합니다. 질문은 여기서부터 시작된 것이죠. '기다릴 것이냐, 만들 것이냐?' 언제 나타나 정립될지 모르는 새로운 패러다임을 기다리기에는 우리의 시간과 삶이 너무 아깝습니다. 그래서 우리는 본립도생에서 각자도생이라는 패러다임을 세운 것입니다. 그렇습니다. 본립도생에서 각자도생 역시 하나의 패러다임입니다. 그리고 이 패러다임은 열린 결말입니다.

경제화·산업화 시대에도 사람들은 다양한 방법으로 삶을 영위했습니다. 민주화의 열망 속에서도 사람들에게는 자신의 일이 있었습니다. 중심과 절대가 무너진 지금 이 시대에도 우리는 자신의 삶을 찾아야 합니다.

마음은 생각을 낳고 생각은 몸을 움직이게 합니다. 하지만 마음먹지 않으면 생각하지 않고 생각하지 않으면 실천할 행동이 없습니다. 부처의 대제자인 마하가섭으로부터 불교의 선종은 시작됩니다. 그래서 마하가섭을 선종의 제1조라 합니다. 제28조가 보리달마인데, 이 스님이 바로 소림사의 달마대사입니다. 달마가 중국으로 건너가 중국 선종의 제1조가 됩니다. 제6조 혜능대사에 이르러 선종은 널리 퍼지게 됩니다. 혜능은 이런 말을 했습니다.

신지식이요 정혜가 무엇과 같은가 하면 마지 등과 등불빛 같나니, 등이 있으면 빛이 있고, 등이 없으면 빛이 없는 것이다. 등은 이 빛의 본체요 빛은 이 등의 작용이므로 등과 불빛의 이름은 비록 다르나 본체는 같은 하나인 것처럼, 정과 혜도 이와 같으니라.

— 『육조단경六祖壇經』 「정혜품定慧品」

혜능은 청정한 마음을 중시하는 '정定'과 지혜로움을 중시하는 '혜慧'가 따로 떨어진 것이 아니라고 보았습니다. 나의 마음과 생각과 행동은 떨어져 있지 않습니다.

생존팩으로 버텨보겠다고 마음먹었다면 변화는 시작된 것입니다. 하지만 그럴 마음이 없다면 나는 이전의 패러다임에 머물고 있는 것입니다. 내가 직접 하지 않으면 아무리 좋은 생각이라고 말해도 소용이 없습니다. 이렇게 생각하면 달라질 것이라는 말도 무용지물입니다. 하지만 직접 한다면 변화는 생각보다 빠를 것입니다. 우리에게 있어 패러다임의 전환은 생각의 전환에서 끝나지 않습니다. 마음에서 시작하여 생각으로 변화하고 행동으로 바뀌는 것, 그것이 우리의 일입니다.

5장

자립
스스로 떨쳐 일어나다

— 한비자, 『한비자』

지도자란 무엇인가?

"유난군有亂君 무난국無亂國 (어
지러운 군주는 있어도 어지러운 나라는 없
다)."

플라톤은 『국가』에서 철학자가
다스리는 나라를 구상했다.
그리고 그 철인은 만들어지는
것이었다.

순자의 말입니다. 나라는 어지럽지
않습니다. 그런 나라는 없습니다. 다만 있다면 나라를 어지럽히는 군주
가 있을 뿐입니다. 그렇습니다. 인류 역사에서 나라를 지배한 대부분의
군주는 어지러웠습니다.

군주는 하나이지만 그 한 사람이 만백성의 삶을 좌우합니다. 누가 어
떻게 다스리느냐에 따라 개인의 삶도 사회의 안전망도 전혀 다른 모습

을 보이게 됩니다. 그래서 나라가 어지러울수록 군주에 대한 고민은 더
해만 갔습니다.

그리고 여기에 자신만의 해답을 내놓은 인물이 있습니다. 스승 소크
라테스는 민주정치에 의해 희생되었습니다. 플라톤은 그것이 우매한 대
중이 권력을 쥔 이유라고 생각했습니다. 플라톤은 『국가』에서 철인통치
론을 주장합니다. 철학자가 다스리는 나라를 구상한 것입니다. 그리고
그 철인은 만들어지는 것이었습니다.

시작은 부패한 어른들을 본받지 못하도록 10세의 아이들을 격리시키
고 이들에게 부모의 지위나 인종에 관계없이 균등한 기회를 부여하는
것입니다. 아이들은 10년간 체육 교육을 받습니다. 여기에 인성이 메마
르지 않도록 음악을 가르칩니다. 또 수학, 과학, 역사 등도 음악화하여
가르칩니다. 그렇게 10년이 지나면 시험을 봅니다. 합격하면 다시 정신
과 육체, 성격에 대한 교육을 받습니다. 다시 10년이 지나면 또 시험을
치러야 합니다. 그렇게 서른 살이 되었을 때, 철학을 배웁니다. 철학을
늦게 배우는 이유는 오만해지지 않도록 하기 위함입니다. 플라톤은 이
렇게 철인을 길러 통치자를 만들어내려 했습니다.

마키아벨리도 통치자에 대한 고민을 했습니다. 조국 이탈리아가 갈
기갈기 찢어졌기 때문이지요. 마키아벨리는 전쟁에 패해 다른 나라의
눈치를 보며 굴종의 삶을 살아야 하는 이탈리아가 아닌 강한 이탈리아
를 원했습니다. 그런 나라를 만들 군주는 구세주와 같은 것이었습니다.

오랫동안 기다림에 지친 이탈리아에는 구세주가 나타나야만 한다. 지금

을 보이게 됩니다. 그래서 나라가 어지러울수록 군주에 대한 고민은 더해만 갔습니다.

그리고 여기에 자신만의 해답을 내놓은 인물이 있습니다. 스승 소크라테스는 민주정치에 의해 희생되었습니다. 플라톤은 그것이 우매한 대중이 권력을 쥔 이유라고 생각했습니다. 플라톤은 『국가』에서 철인통치론을 주장합니다. 철학자가 다스리는 나라를 구상한 것입니다. 그리고 그 철인은 만들어지는 것이었습니다.

시작은 부패한 어른들을 본받지 못하도록 10세의 아이들을 격리시키고 이들에게 부모의 지위나 인종에 관계없이 균등한 기회를 부여하는 것입니다. 아이들은 10년간 체육 교육을 받습니다. 여기에 인성이 메마르지 않도록 음악을 가르칩니다. 또 수학, 과학, 역사 등도 음악화하여 가르칩니다. 그렇게 10년이 지나면 시험을 봅니다. 합격하면 다시 정신과 육체, 성격에 대한 교육을 받습니다. 다시 10년이 지나면 또 시험을 치러야 합니다. 그렇게 서른 살이 되었을 때, 철학을 배웁니다. 철학을 늦게 배우는 이유는 오만해지지 않도록 하기 위함입니다. 플라톤은 이렇게 철인을 길러 통치자를 만들어내려 했습니다.

마키아벨리도 통치자에 대한 고민을 했습니다. 조국 이탈리아가 갈기갈기 찢어졌기 때문이지요. 마키아벨리는 전쟁에 패해 다른 나라의 눈치를 보며 굴종의 삶을 살아야 하는 이탈리아가 아닌 강한 이탈리아를 원했습니다. 그런 나라를 만들 군주는 구세주와 같은 것이었습니다.

오랫동안 기다림에 지친 이탈리아에는 구세주가 나타나야만 한다. 지금

248

5장

자립
스스로 떨쳐 일어나다

— 한비자,『한비자』

지도자란 무엇인가?

"유난군有亂君 무난국無亂國(어
지러운 군주는 있어도 어지러운 나라는 없
다)."

순자의 말입니다. 나라는 어지럽지

플라톤은『국가』에서 철학자가
다스리는 나라를 구상했다.
그리고 그 철인은 만들어지는
것이었다.

않습니다. 그런 나라는 없습니다. 다만 있다면 나라를 어지럽히는 군주
가 있을 뿐입니다. 그렇습니다. 인류 역사에서 나라를 지배한 대부분의
군주는 어지러웠습니다.

군주는 하나이지만 그 한 사람이 만백성의 삶을 좌우합니다. 누가 어
떻게 다스리느냐에 따라 개인의 삶도 사회의 안전망도 전혀 다른 모습

혜능은 청정한 마음을 중시하는 '정定'과 지혜로움을 중시하는 '혜慧'가 따로 떨어진 것이 아니라고 보았습니다. 나의 마음과 생각과 행동은 떨어져 있지 않습니다.

생존팩으로 버텨보겠다고 마음먹었다면 변화는 시작된 것입니다. 하지만 그럴 마음이 없다면 나는 이전의 패러다임에 머물고 있는 것입니다. 내가 직접 하지 않으면 아무리 좋은 생각이라고 말해도 소용이 없습니다. 이렇게 생각하면 달라질 것이라는 말도 무용지물입니다. 하지만 직접 한다면 변화는 생각보다 빠를 것입니다. 우리에게 있어 패러다임의 전환은 생각의 전환에서 끝나지 않습니다. 마음에서 시작하여 생각으로 변화하고 행동으로 바뀌는 것, 그것이 우리의 일입니다.

된 것이죠. '기다릴 것이냐, 만들 것이냐?' 언제 나타나 정립될지 모르는 새로운 패러다임을 기다리기에는 우리의 시간과 삶이 너무 아깝습니다. 그래서 우리는 본립도생에서 각자도생이라는 패러다임을 세운 것입니다. 그렇습니다. 본립도생에서 각자도생 역시 하나의 패러다임입니다. 그리고 이 패러다임은 열린 결말입니다.

경제화 · 산업화 시대에도 사람들은 다양한 방법으로 삶을 영위했습니다. 민주화의 열망 속에서도 사람들에게는 자신의 일이 있었습니다. 중심과 절대가 무너진 지금 이 시대에도 우리는 자신의 삶을 찾아야 합니다.

마음은 생각을 낳고 생각은 몸을 움직이게 합니다. 하지만 마음먹지 않으면 생각하지 않고 생각하지 않으면 실천할 행동이 없습니다. 부처의 대제자인 마하가섭으로부터 불교의 선종은 시작됩니다. 그래서 마하가섭을 선종의 제1조라 합니다. 제28조가 보리달마인데, 이 스님이 바로 소림사의 달마대사입니다. 달마가 중국으로 건너가 중국 선종의 제1조가 됩니다. 제6조 혜능대사에 이르러 선종은 널리 퍼지게 됩니다. 혜능은 이런 말을 했습니다.

선지식이요 정혜가 무엇과 같은가 하면 마치 등과 등불빛 같나니, 등이 있으면 빛이 있고, 등이 없으면 빛이 없는 것이다. 등은 이 빛의 본체요 빛은 이 등의 작용이므로 등과 불빛의 이름은 비록 다르나 본체는 같은 하나인 것처럼, 정과 혜도 이와 같으니라.

– 『육조단경六祖壇經』「정혜품定慧品」

나라였습니다. 그렇게 되면 부국강병을 이룰 수 있을 것이라고 한비자는 믿었습니다. 맞습니다. 그런 나라라면 강해질 수밖에 없을 것입니다.

그리고 또 한 가지, 이제는 우리가 강해져야 할 차례입니다. 플라톤, 마키아벨리, 한비자를 통해 강한 자신을 만들어야 합니다.

나의 군주는 어떻게 강해지는가?

첫째로 묻고 싶은 것이 있습니다. 나에게는 원칙이 있습니까? 혹시 그것이 때에 따라 달라지지는 않습니까? 법이 누구에게나 공평해야 하는 것처럼 나의 원칙은 어디에도 적용되어야 합니다.

> 먼저 뜻을 크게 갖는다. 성인을 본보기로 삼아 이에 조금이라도 미치지 못하면 나의 일은 끝나지 않는다.

그리고 나의 군주는 그 원칙을 잘 집행하고 있나요? 물론 완벽히 지킬 수는 없을 것입니다. 하지만 원칙에 충실하려고 노력해야 합니다. 그러지 않으면 은덕과 상벌을 사사로이 하여 나라를 어지럽히는 난군이 되고 맙니다.

여기에 스스로를 경계하는 율곡 이이의 말을 적습니다. 율곡은 스스로 경계한다는 '자경문'을 지어 따르려 했습니다. 우리에게도 자경문이 있어야 할 것입니다. 그 자경문으로 나의 군주를 강하게 하여 어지러운 난세를 이겨내야 합니다.

먼저 그 뜻을 크게 갖는다. 성인을 본보기로 삼아 성인에 조금이라도 미치지 못하면 나의 일은 끝나지 않는다.

마음이 안정된 자는 말이 적다. 마음의 안정은 말을 줄임으로부터 한다.

경계하고 두려워하며 홀로 있을 때 삼간다.

새벽에 일어나 아침에 해야 할 일을 생각하고, 밥을 먹은 후에는 낮에 해야 할 일을 생각하며, 잠자리에서는 내일 해야 할 일을 생각한다. 일은 합당히 처리할 방법을 찾는다. 일을 살피지 않고 글만 읽는다면 쓸모없는 학문이 된다.

한 가지 불의를 행하고 무고한 한 사람을 해쳐서 천하를 얻을 수 있다 한들 하지 않는다.

어떤 이가 나에게 해를 가하면 스스로 반성하며 그를 감화시킨다.

잠을 자거나 아플 때가 아니면 눕거나 기대지 않는다. 늘 마음을 깨어 있게 한다.

공부는 늦춰서도 급하게 해서도 안 된다. 공부에 있어 편의와 이익을 탐하지 않는다.

율곡의 말이 지금 우리에게 모두 적용되는 것은 아닙니다. 하지만 그것을 통해 우리는 또 무언가를 얻을 수 있습니다. 그것이 인문학이고 고전입니다. 말하는 그것 하나가 아니라 말하지 않았던 또 다른 것을 스스로 찾아가게 하지요. 그런 의미에서 오늘 각자의 자경문을 지어보면 어떨까요?

버티는 힘

지은이 | 임병희

초판 1쇄 인쇄일 2016년 4월 4일
초판 1쇄 발행일 2016년 4월 15일

발행인 | 한상준
편집 | 김민정 · 박수희 · 이현령
표지 디자인 | 조경규
본문 디자인 | 김성인
마케팅 | 이정욱
종이 | 화인페이퍼
제작 | 第二름

발행처 | 비아북(ViaBook Publisher)
출판등록 | 제313-2007-218호(2007년 11월 2일)
주소 | 서울시 마포구 연남동 567-40 2층
전화 | 02-334-6123 팩스 | 02-334-6126 전자우편 | crm@viabook.kr
홈페이지 | viabook.kr